자바스크립트 JSON 쿡북

자바스크립트 JSON 쿡북

데스크탑, 서버, 웹, 모바일 애플리케이션에서 활용하는 80가지 레시피

레이 리쉬패터 지음 | 류영선 옮김

지은이 소개

레이 리쉬패터[Ray Rischpater]

모바일 컴퓨팅 플랫폼 분야에서 20년 이상의 경력을 쌓은 엔지니어이자 작가다.

그동안 인터넷 기술과 자바 ME, 퀄컴 BREW, 애플 아이폰, 구글 안드로이드, 팜[Palm] OS, 뉴톤[Newton], 매직 캡[Magic Cap]뿐 아니라 여러 독자적인 플랫폼에서 다양한 애플리케이션 개발에 참여해왔다. 현재는 서니베일[Sunnyvale]에 있는 마이크로소프트에서 소프트웨어 개발 매니저로 일하고 있으며 매핑[mapping]과 데이터 시각화[data visualization] 업무를 담당하고 있다.

소프트웨어 개발을 하지 않을 때에는 가족 또는 친구들과 함께 캘리포니아 샌 로렌조[San Lorenzo] 밸리 주변에서 하이킹과 사진 촬영을 즐긴다. 시간이 날 때면 아마추어 라디오로 공공서비스를 제공하는 데 힘쓰고 있다. 그의 허가받은 아마추어 스테이션은 KF6GPE다.

저술한 책으로는 『Application Development with Qt Creator, 2nd Edition』(Packt, 2014)과 『Microsoft Mapping』(카르멘오[Carmen Au] 공저, Apress, 2013)이 있다. 또한 블로그(http://www.lothlorien.com/kf6gpe)에서 비정기적으로 글을 쓴다.

산타 크루즈의 캘리포니아 대학에서 순수수학으로 학사 학위를 받았으며, IEEE와 ACM, ARRL의 회원으로 활동하고 있다.

기술 감수자 소개

비풀 A M Vipul A M

빅바이너리BigBinary에서 소프트웨어 개발자로 일하고 있다. 그는 루비Ruby 프로젝트의 열렬한 기여자다. 리액트JSReactJS와 씨름하거나 스크린캐스트screencast를 제작하는 일을 하며, 여가 시간에는 여러 오픈소스 루비 프로젝트를 탐색해 참여하곤 한다.

프로젝트 예제를 통해 리액트JS의 사용법을 설명해주는 『예제로 배우는 리액트JS 완전정복』(에이콘, 2016) 책을 저술했다.

활기 넘치는 루비 커뮤니티를 사랑하며 PuneRb루비 사용자 그룹 설립을 돕고 있다. 루비인디아RubyIndia 커뮤니티 뉴스레터와 루비인디아 포드캐스트PodCast의 설립자이자 운영자며, 푸네Pune[1]에서 데칸Deccan 루비 컨퍼런스를 조직하고 있다. 블로그(blog.bigbinary.com)에 다양한 주제로 기고하고 있으며, videos.bigbinary.com에 다양한 스크린캐스트를 올리는 것을 즐긴다.

로버트 맥클린 Robert MacLean

남아프리카에서 18년 동안 다양한 분야의 프로젝트에서 개발자와 IT 전문가로 수많은 고객들과 함께 일해왔다. 지금은 마이크로소프트에서 개발자로서 윈도우 플랫폼용 애플리케이션을 개발하고 있다.

샬롯 스펜서 Charlotte Spencer

시맨틱 HTML과 점진적 향상progressive enhancement, 접근성accessibility에 큰 관심을 가지고 있는 프론트엔드 웹 개발자다. 프로그래밍을 하지 않을 때는 웹과 경험에 관련된 글을 쓰거나, 책을 읽거나, 좀비 대재앙에 대비하고 있다. 트위터(@charlotteis)를 통해 그녀를 만나볼 수 있다.

---

1 인도 마하슈트라주에 있는 도시 – 옮긴이

옮긴이 소개

류영선(youngsun.ryu@gmail.com)

소프트웨어 엔지니어로서 오랫동안 웹 브라우저와 웹 서버를 개발했다. 그 경험을 바탕으로 현재는 W3C 및 다양한 국제 표준화 단체에서 웹과 관련된 표준화 업무를 담당하고 있다. 최근에는 PC에서 벗어나 모바일이나 DTV, 디지털 사이니지^{Digital Signage}, 웨어러블^{Wearable}, 오토모티브^{Automotive} 등 다양한 IoT 디바이스에 웹 기술을 접목하는 오픈 웹 플랫폼^{Open Web Platform}에 관심을 가지고 관련 기술을 연구하고 있다. 아울러 워크숍이나 세미나 강연 및 학술 기고를 통해 기술 전파에 힘쓰고 있다. 옮긴 책으로는 에이콘출판사에서 펴낸 『반응형 웹 디자인』(2012)과 『실전 예제로 배우는 반응형 웹 디자인』(2014), 『HTML5 웹소켓 프로그래밍』(2014), 『WebRTC 프로그래밍』(2015), 『Three.js로 3D 그래픽 만들기』(2016), 『자바스크립트 디자인 패턴』(2016)이 있다.

옮긴이의 말

JSON은 최근 웹 애플리케이션 개발 환경에서 가장 널리 쓰이는 데이터 교환 포맷이다. 이 포맷은 사람들이 읽고 쓰기에 용이하며, 동시에 기계가 분석하고 생성하기에도 용이하다. 이 책을 통해 알 수 있듯이 JSON은 클라이언트 환경과 서버 측의 웹 애플리케이션뿐만 아니라 스마트 가전, 스마트 헬스, 각종 센서 기기를 연결하는 IoT에서도 그 활용도가 높아지고 있다. JSON^{JavaScript Object Notation}은 그 이름에서 알 수 있듯이(자바스크립트에 종속적이지는 않지만) 자바스크립트와 잘 맞는다. 또한 문법이 상당히 직관적이며 가볍다. 이것이 JSON이 십여 년간 사용돼온 XML을 제치고 단시간에 웹에서의 표준 데이터 교환 포맷이 된 이유다.

사실 JSON 사용법이 어렵고 복잡한 것은 아니다. 그래서인지 JSON의 중요도와 활용도에 비해 이를 체계적으로 정리한 도서는 많지 않다. 이 책은 이런 JSON를 어떻게 활용하는지에 대한 구체적인 예제를 총망라한 쿡북 형식으로 구성돼 있다. 실전에서 JSON을 활용할 때 필요한 예제를 선택해 참고할 수 있을 것이다.

이 책은 자바스크립트와 C, C++, C#, 자바, 펄, PHP, 루비 같은 언어뿐만 아니라 몽고DB, 앵귤러JS, Node.js 같은 데이터베이스와 프레임워크에서 JSON을 사용하는 방법을 잘 설명하고 있다. 잘 알고 있듯이 이들은 MEAN 스택을 이루는 주요 구성요소들이다. 이 책을 통해 MEAN 스택에서 JSON을 어떻게 활용할 수 있는지에 대한 기본기를 닦을 수 있을 것이다.

단어 하나, 문장 하나에도 꽤 많은 노력을 기울여 작업했지만, 저자의 의도를 충분히 전달하지 못하거나 잘못 번역된 부분이 있을 수 있다. 잘못된 부분이나 책의 내용과 관련된 어떤 의견도 보내주시면 소중히 다루겠다. 끝으로 나를 항상 지지해 주고 지원을 아끼지 않는 사랑스런 아내 지은과, 주말과 밤늦은 시간까지 작업하느라 놀아주지도 못했지만 항상 기다려주고, 지친 나에게 휴식을 선사해준 딸 예서에서 감사의 말을 전한다. 이들이 옆에 없었다면 이 책은 결코 완성되지 못했을 것이다.

차례

7장   타입세이프한 방법으로 JSON 사용하기   155

8장   바이너리 데이터 전송에 JSON 사용하기   173

들어가며

자바스크립트 객체 표기법[JSON, JavaScript Object Notation]은 여러 도메인에서 XML을 제치고 급속도로 웹에서 구조화된 문서 교환을 위한 공통어가 돼가고 있다. 여기에는 뚜렷한 이유가 있다. 자바스크립트와 잘 맞으며, 간단하고 잘 동작한다. 하지만 JSON이 성공한 데는 또 다른 이유가 있다. 이 책에서 알 수 있듯이, 폭넓은 언어와 라이브러리에서 지원돼 다양한 시나리오에서 쉽게 사용할 수 있기 때문이다.

이 책은 JSON의 일반적인 사용법을 다룬 예제[recipe]를 제공한다. 책을 처음부터 끝까지 읽어 웹 애플리케이션과 독립형 애플리케이션을 구축하는 데 JSON이 어떻게 사용되는지 확인해도 좋다. 하지만 이 책은 쿡북[cookbook]으로 구성돼 있기 때문에 특정한 문제를 어떻게 JSON으로 해결할 수 있는지 기술하고 있는 장이나 예제로 바로 건너뛰어도 좋다. 먼저 특정 예제가 어디에 기술돼 있는지 확인하기 위해 서문과 함께 1, 2장을 훑어본 후, 여러분이 관심을 가지고 있는 예제로 바로 건너뛸 것을 추천한다.

이 책의 구성

1장, 클라이언트에서 JSON 읽고 쓰기 자바스크립트와 C++, C#, 자바, 펄, 파이썬을 포함한 다양한 클라이언트 환경에서 JSON을 읽고 쓰기 위한 예제를 제공한다.

2장, 서버에서 JSON 읽고 쓰기 클로저와 F#, Node.js, PHP, 루비 같은 전통적인 서버 측 언어에서 JSON을 처리하는 방법을 알아본다. 물론 이들 언어로 클라이언트 측 애플리케이션을 작성할 수도 있다. 따라서 1장과 2장으로 나눈 예제의 구분은 다소 임의적이다. 그저 자신에게 알맞은 언어를 선택해 시작하기 바란다.

3장, 간단한 AJAX 애플리케이션에서 JSON 사용하기 브라우저에서 데이터를 교환하는 데 JSON을 어떻게 적용하는지 배운다.

4장, 제이쿼리와 앵귤러JS로 작성한 AJAX 애플리케이션에서 JSON 사용하기 인기 있는 프레임워크인 제이쿼리와 앵귤러에서 JSON을 사용하는 방법을 설명한다.

5장, 몽고DB에서 JSON 사용하기 인기 있는 NoSQL 데이터베이스인 몽고DB^{MongoDB}에서 저장된 문서 형식에 JSON을 사용하는 방법과 웹 애플리케이션에서 REST 서비스로 몽고DB를 사용하는 방법을 예제로 보여준다.

6장, 카우치DB에서 JSON 사용하기 또 다른 인기 있는 NoSQL 데이터베이스인 카우치DB^{CouchDB}에서 JSON을 사용하는 방법과 웹 애플리케이션에서 독립 REST 서비스로 카우치DB를 사용하는 방법을 보여준다.

7장, 타입세이프한 방법으로 JSON을 사용하기 애플리케이션에서 프로그래밍 오류를 줄이기 위해 C#이나 자바, 타입스크립트 같은 언어에서 제공하는 강력한 타입과 JSON의 타입 프리 특성을 적용하는 방법을 살펴본다.

8장, 바이너리 데이터 전송에 JSON 사용하기 JSON이 텍스트 기반의 문서 포맷임에도 불구하고 필요한 경우 바이너리 데이터를 전송하는 데 어떻게 사용될 수 있는지 보여준다.

9장, JSONPath와 LINQ로 JSON 쿼리하기 JSON 문서에서 필요한 데이터 조각을 얻기 위해 쿼리를 작성하는 방법에 대한 예제를 제공한다. 5장과 6장의 예제와 결합할 때 특히 효과적이다.

10장, 모바일 플랫폼에서의 JSON 안드로이드와 iOS, Qt를 사용하는 모바일 애플리케이션에서 JSON을 사용하는 예제를 제공한다.

준비 사항

다른 기술 서적들과 달리 이 책은 예제를 실행하기 위해 다양한 기술 지원이 필요하다. 이 책의 모든 예제를 실행할 수 있는 도구나 경험을 필수적으로 갖추기를 요구하지는 않는다. 하지만 몇 가지를 시도해보면 이런 경험이 많은 도움이 될 것이다.

이 책을 이해하기 위해 약간의 프로그램 경험(특히 자바스크립트)이 필요하다. C#과 같은 특정 프로그램 언어를 대상으로 하지 않는 한 이 책의 예제는 자바스크립트로 작성됐다. 여기에는 두 가지 이유가 있다. 첫째, JSON의 "J"는 자바스크립트를 의미(다른 언어에도 폭넓게 적용될 수 있음에도 불구하고)한다. 이 시대의 모든 프로그래머들은 자바스크립트에 대해 최소한의 이해는 가지고 있어야 한다.

시작하기 전 소프트웨어 환경으로 크롬이나 사파리, 파이어폭스, 인터넷 익스플로러의 최신 버전 웹 브라우저가 필요하다. 이들 브라우저의 자바스크립트 런타임에서 JSON을 실험할 수 있다.

둘째, 많은 클라이언트-서버 예제는 Node.js를 포함한다. Node.js 역시 자바스크립트기 때문에 서버 측 예제 프로그래밍으로 Node.js를 선택했다. 이는 클라이언트와 서버 측을 이동할 때 다른 언어 구문을 익힐 필요가 없음을 의미한다. Node.js는 윈도우 및 맥 OS, 리눅스에서도 잘 동작하기 때문에 설정하는 데 문제가 없을 것이다.

JSON을 데이터베이스와 함께 사용하는 데 관심이 있다면, 카우치DB 또는 몽고DB가 최선의 선택이다. 이 두 가지를 자세히 설명할 것이다. 둘 중 어느 것을 선택할지는 도메인과 개인적인 취향에 달려있다. 나는 다양한 프로젝트에서 5년간 몽고DB를 사용해 왔지만, 최근 카우치DB의 기능과 RESTful 서비스의 통합된 지원에 매료됐다.

마지막으로, 여러분이 마이크로소프트 개발자라면 이 책에서 제공하는 뉴톤소프트^{Newtonsoft}의 Json.NET을 사용하는 C# 예제에 특별히 관심을 가질 만하다.

이 책의 대상 독자

구조화된 데이터를 처리하는 애플리케이션을 작성하고 있다면, 이 책은 당신을 위한 것이다. 특히 이런 작업에 XML을 사용해왔다면 JSON으로 훨씬 더 적은 코드와 적은 데이터 오버헤드로 동일한 작업을 할 수 있다.

이 책의 각 장은 애플리케이션의 클라이언트 측과 서버 측을 구분하고 있지만, 여러분이 프론트엔드 개발자든, 백엔드 개발자든 또는 풀스택 개발자든 상관없다. JSON을 사용하는 원칙은 클라이언트와 서버 모두에 적용되며, 실제로 양측을 모두 이해하는 개발자가 최상의 애플리케이션을 개발할 수 있다.

섹션 구성

이 책에서 자주 등장하는 섹션 제목이 있다.

예제를 명확하게 설명하기 위해 다음과 같은 섹션을 사용한다.

준비

이 섹션에서는 예제에서 기대하는 바와 예제에 필요한 소프트웨어 및 사전 설정에 대해 설명한다.

예제 수행

이 섹션에서는 예제를 수행하는 데 필요한 단계를 포함한다.

예제 분석

이 섹션에서는 이전 섹션에서 일어난 동작을 상세히 설명한다.

부연 설명

이 섹션에서는 독자들에게 예제에 대한 추가 정보를 제공한다.

참고 사항

이 섹션에서는 예제에 대한 유용한 정보 링크를 제공한다.

독자의 이해를 돕고자 다루는 정보에 따라 다음과 같이 글꼴 스타일을 다르게 적용했다.

문장 중에 사용된 코드, 데이터베이스 테이블 이름, 폴더명, 파일명, 파일 확장자, 경로, 더미 URL, 사용자 입력, 트위터 핸들은 다음과 같이 표기한다.

"loads와 dumps를 좀 더 들여다보자"

코드 블록은 다음과 같이 표기한다.

```
function doAjax() {
var xmlhttp;
  if (window.XMLHttpRequest)
  {
    // IE7 이상, 파이어폭스, 크롬, 오페라, 사파리를 위한 코드
    xmlhttp=new XMLHttpRequest();
}
}
```

코드 블록에서 중요한 부분은 굵은 서체로 표시한다.

```
function doAjax() {
var xmlhttp;
  if (window.XMLHttpRequest)
  {
    // IE7 이상, 파이어폭스, 크롬, 오페라, 사파리를 위한 코드
    xmlhttp=new XMLHttpRequest();
  }
    }
```

커맨드창의 입력 내용이나 결과는 다음과 같이 나타낸다.

```
# cp /usr/src/asterisk-addons/configs/cdr_mysql.conf.sample
    /etc/asterisk/cdr_mysql.conf
```

새로운 용어나 중요한 단어는 굵은 서체로 표시한다. 화면상에 표시되는 단어, 예를 들면 메뉴나 대화 상자는 다음과 같이 표시한다.

"그런 다음, **도구 더보기 > 개발자 도구**를 선택한다."

 주의해야 하거나 중요한 내용은 이 박스로 표기한다.

 팁이나 요령은 이 박스로 표기한다.

독자 의견

독자 여러분의 의견은 언제나 환영이다. 좋은 점 또는 고쳐야 할 점에 대한 솔직한 의견은 앞으로 더 좋은 책을 발행하는 데 큰 도움이 된다.

독자 의견을 보낼 때는 이메일 제목란에 구입한 책 제목을 적은 후, feedback@packtpub.com으로 전송하면 된다.

만약 독자가 특정 분야의 전문가로서 저자가 되고 싶다면 www.packtpub.com/authors에서 저자 가이드를 참조하기 바란다.

고객 지원

팩트출판사의 구매자가 된 독자에게 도움이 되는 몇 가지를 제공하고자 한다.

예제 코드 다운로드

http://www.packtpub.com에서 책을 구매할 때 사용한 계정으로 모든 팩트출판사 책에 대한 예제 코드를 다운로드할 수 있다. 온라인이 아닌 곳에서 구매했다면 http://www.packtpub.com/support에 방문해 등록하면, 이메일로 직접 받아볼 수 있다.

또한 에이콘출판사의 도서정보 페이지 http://www.acornpub.co.kr/book/json-cookbook에서도 예제 코드를 내려받을 수 있다.

오탈자

내용을 정확하게 전달하기 위해 최선을 다했지만, 실수가 있을 수 있다. 책에서 텍스트나 코드상의 문제를 발견해서 알려준다면 매우 감사할 것이다. 독자의 참여를 통해 다른 독자에게 도움을 주고, 다음 버전에서 더 완성도 있는 책을 만들 수 있다. 오탈자를 발견하면 http://www.packtpub.com/submit-errata에서, 책을 선택하고 **Errata Submission Form**에 오탈자를 신고해주기 바란다. 내용이 확인되면 웹사이트에 그 내용이 올라가거나, 해당 책의 정오표 섹션에 그 내용이 추가될 것이다.

https://www.packtpub.com/books/content/support에서 해당 책 제목을 선택하면 지금까지의 정오표를 확인할 수 있다. 필요한 정보가 Errata 섹션에 표시된다. 한국어판은 에이콘출판사의 도서정보 페이지 http://www.acornpub.co.kr/book/json-cookbook에서 찾아볼 수 있다.

저작권 침해

인터넷을 통한 저작권 침해 행위는 모든 매체가 골머리를 앓고 있는 심각한 문제다. 팩트출판사 또한 저작권과 라이선스 문제를 매우 심각하게 생각한다. 인터넷에서 어떤 형태로든 팩트 책의 불법 복제물을 발견한다면, 적절한 조치를 취할 수 있게 주소나 사이트명을 알려주길 부탁드린다.

의심되는 불법 복제물의 링크를 copyright@packtpub.com으로 보내주기 바란다.

더 좋은 책을 만들기 위한 팩트출판사와 저자들의 노력을 배려하는 마음에 깊은 감사의 뜻을 전한다.

질문

이 책에 대한 질문이 있다면 questions@packtpub.com을 통해 문의하기 바란다. 최선을 다해 질문에 답할 것이다. 한국어판에 관한 질문은 이 책의 옮긴이나 에이콘출판사 편집 팀(editor@acornpub.co.kr)으로 문의할 수 있다.

1

클라이언트에서 JSON 읽고 쓰기

1장에서 다루는 내용은 다음과 같다.

▶ 자바스크립트에서 JSON 읽고 쓰기

▶ C++에서 JSON 읽고 쓰기

▶ C#에서 JSON 읽고 쓰기

▶ 자바에서 JSON 읽고 쓰기

▶ 펄^{Perl}에서 JSON 읽고 쓰기

▶ 파이썬^{Python}에서 JSON 읽고 쓰기

이 책 전반을 이해하는 데 도움이 되는 JSON 포맷에 대해 간단하게 알아보는 것으로
시작한다.

소개

JSON은 자바스크립트 객체 표기법$^{JavaScript\ Object\ Notation}$을 의미한다. JSON은 데이터를
속성과 값의 쌍으로 표현하는 개방형 표준이다. 원래는 웹 애플리케이션에서 좀 더
상세하고 구조적인 XML$^{Extensible\ Markup\ Language}$ 대신 자바스크립트 구문을 파생해 사용
하기 시작했으며, 이제는 수많은 웹 애플리케이션 및 독립형 애플리케이션에서 데이
터 직렬화와 전송에 사용한다.

JSON은 클라이언트와 서버 사이에서 데이터를 캡슐화하는 이상적인 수단을 제공한다. 1장에서는 제시된 특정한 언어에서 어떻게 JSON을 사용하는지 배운다.

이 언어들은 주로 클라이언트 측 개발에 사용된다. 서버 측 언어는 2장 '서버에서 JSON 읽고 쓰기'에서 살펴볼 것이다.

http://www.aprs.fi의 웹 API로 반환된 JSON의 일부를 살펴보자. 예제를 간단하게 하기 위해 일부 변경했다(웹 브라우저와 자바스크립트로 이 데이터를 가져오는 방법은 4장에서 다룬다).

```
{
  "command":"get",
  "result":"ok",
  "what":"loc",
  "found":2,
  "entries":[
    {
      "class":"a",
      "name":"KF6GPE",
      "type":"l",
      "time":"1399371514",
      "lasttime":"1418597513",
      "lat":37.17667,
      "lng":-122.14650,
      "symbol":"\/-",
      "srccall":"KF6GPE",
    },
    {
      "class":"a",
      "name":"KF6GPE-7",
      "type":"l",
      "time":"1418591475",
      "lasttime":"1418591475",
      "lat":37.17633,
      "lng":-122.14583,
      "symbol":"\\K",
      "srccall":"KF6GPE-7",
    }
```

```
    ]
}
```

이 예제에서 몇 가지 중요한 사실을 알 수 있다.

▶ 데이터는 콜론으로 구분되는 속성과 값으로 구성돼 있다(JSON 문서는 문자열^{string}이나 부동 소수점^{float}, 정수^{integer} 또는 불 값$^{Boolean\ value}$ 같은 하나의 값으로 구성될 수도 있다는 것에 주목하자).

▶ 속성은 콜론의 왼쪽에 큰 따옴표로 둘러싸인 문자열로 나타난다.

▶ 값은 콜론의 오른쪽에 나타나며 다음과 같은 값이 올 수 있다.

  ❑ KF6GPE 같은 (큰 따옴표로 묶여진) 문자열

  ❑ 2나 37.17667 같은 숫자(정수나 부동 소수점)

  ❑ entries에 대한 값과 같은 배열^{Array}. 대괄호로 나타나며 요소는 쉼표로 구분한다.

  ❑ 여러 개의 속성과 값으로 구성된 객체^{Object}. { }로 묶어서 표현한다.

  ❑ (예제에는 포함돼 있지 않지만) true와 false 같은 불 값$^{Boolean\ value}$

▶ 날짜/시간 쌍 또는 개별 문자 같은 다른 값은 JSON에서 지원되지 않는다.

▶ 이 예제에서 명확하게 나타나지는 않지만, 공백은 중요하지 않다. 각각의 쌍이 한 줄에 표시될 필요는 없으며, 들여쓰기는 임의로 작성한다.

JSON의 속성이름-속성값 특성과 중첩 값, 배열의 지원은 JSON에 많은 유연성을 제공한다. 바이너리 데이터(자바스크립트와 JSON으로 바이너리 데이터를 표현하는 아이디어에 대해서는 8장 '바이너리 데이터 전송에 JSON 사용하기'를 참고한다)를 제외한 거의 모든 객체를 JSON으로 표현할 수 있다. 여기에는 기본값(각각의 속성에 대한 값이 따라오기 때문에 자체 문서화^{self-documenting}다)과 맵을 포함한 간단한 값을 가지는 플랫 오브젝트, 간단하거나 또는 복잡한 객체의 배열이 포함된다.

JSON의 자체 문서화 특성은 XML과 같은 주석 지원이 부족함에도 불구하고, 새로운 객체를 개발할 때 JSON을 선택하는 것이 데이터 전송에서 이상적인 선택이 되게 해준다. JSON의 평문^{plain text} 특성 때문에 gzip(대부분의 웹 서버와 웹 클라이언트에서 사용 가능하다) 같은 인기 있는 압축 알고리즘으로 압축이 가능하고, 이 포맷은 XML보다 사람이 읽기 쉽다.

> JSON 문서는 트리 구조다. 따라서 동일 데이터 구조에서 하나의 노드가 다른 노드를 가리키는 그래프 같은 순환적인 데이터 구조를 지원하지 않는다.
> 사용하고 있는 프로그래밍 언어에서 네이티브 표현을 사용해 이런 데이터 구조를 생성하고 이를 JSON으로 변환을 시도하는 경우 오류가 발생한다.

자바스크립트에서 JSON 읽고 쓰기

JSON은 원래 웹 서버와 자바스크립트 사이에 데이터를 전송하는 수단으로 시작됐다. 웹 브라우저의 자바스크립트에서 JSON을 읽고 쓰는 간단한 코드부터 시작해보자. AJAX와 JSON을 사용하는 전체 웹 애플리케이션은 4장 '제이쿼리와 앵귤러JS로 작성한 AJAX 애플리케이션에서 JSON 사용하기'에서 소개한다. 여기서는 JSON에서 자바스크립트 객체를 얻는 방법과 자바스크립트 객체에서 JSON 문자열을 생성하는 방법을 알아본다.

준비

먼저 자바스크립트를 수정하고 브라우저에서 실행하는 도구가 필요하다. 이번 예제를 포함해 이 책의 모든 예제는 구글 크롬을 사용한다. 구글 크롬은 https://www.google.com/chrome/browser에서 다운로드할 수 있다. 구글 크롬을 설치하면 다음 그림처럼 오른쪽에 있는 메뉴 아이콘을 클릭하여 자바스크립트 콘솔을 활성화할 수 있다.

그런 다음, **도구 더보기 > 개발자 도구**를 선택한다. 다음 그림과 같이 웹 페이지의 오른쪽에 자바스크립트 콘솔을 볼 수 있다.

단축키 사용을 선호한다면 윈도우나 리눅스에서는 **Ctrl + Shift + J**를, 매킨토시에서는 **control + option + J**를 사용하면 된다.

이 창에 자바스크립트를 입력하고 Enter 키(맥 OS X 시스템에서는 return 키)를 누르면 자바스크립트를 실행할 수 있다.

크롬 같은 최신 브라우저는 자바스크립트 런타임에서 JSON을 포함하는 문자열 데이터를 자바스크립트 객체로 변환하거나 자바스크립트 객체를 JSON으로 변환할 수 있는 JSON 객체를 정의한다. 다음은 간단한 예제를 보여준다.

```
>var json = '{"call":"KF6GPE","type":"l","time":
"1399371514","lasttime":"1418597513","lat":37.17667,"lng":
-122.14650,"result" : "ok" }';
<- "{ "call":"KF6GPE","type":"l","time":"1399371514",
"lasttime":"1418597513","lat":37.17667,"lng":-122.14650,
"result" : "ok" }"
>var object = JSON.parse(json);
<- Object {call:"KF6GPE",type:"l",time:"1399371514",
lasttime:"1418597513",lat:37.17667, lng:-122.14650,result: "ok"}
> object.result
<- "ok"
>var newJson = JSON.stringify(object);
<- "{ "call":"KF6GPE","type":"l","time":"1399371514",
"lasttime":"1418597513","lat": 37.17667,"lng": -122.14650,
"result" : "ok" }"
```

 이번 예제와 다음 자바스크립트 예제에서 자바스크립트 콘솔에 입력하는 텍스트는 >
기호로 표시하고, 자바스크립트 콘솔에서 출력하는 결과는 <- 기호로 표시한다.

크롬을 비롯한 최신 웹 브라우저는 JSON을 포함하는 문자열과 자바스크립트 객체 사이를 변환하는 메서드를 가지는 JSON 객체를 정의한다.

앞의 예제는 json 변수의 값을 간단한 JSON 표현식(이 중 result 속성 값이 ok로 구성)으로 설정하는 것으로 시작했다. 자바스크립트 인터프리터는 변수 json의 결괏값을 반환한다.

다음 라인은 JSON의 parse 메서드를 사용해 json에서 참조하고 있는 JSON 문자열을 자바스크립트 객체로 변환한다.

```
>var object = JSON.parse(json);
<- Object { call:"KF6GPE", type:"l", time:"1399371514",
lasttime:"1418597513", lat:37.17667, lng:-122.14650, result: "ok"}
```

이제 다른 자바스크립트 객체와 마찬가지로 객체의 어떤 값이든 접근할 수 있다. 결국은 객체일 뿐이다.

```
> object.result;
<- "ok"
```

마지막으로 객체를 JSON으로 변환해야 할 경우, JSON의 stringify 메서드로 작업을 수행할 수 있다.

```
>var newJson = JSON.stringify(object);
<- "{ "call":"KF6GPE","type":"l","time":"1399371514",
"lasttime":"1418597513","lat": 37.17667,"lng": -122.14650,
"result" : "ok" }"
```

부연 설명

이들 메서드에 대해 알아야 할 사항이 두 가지 있다. 먼저 parse는 전달한 JSON의 형식이 잘못되거나 JSON이 아닌 경우, 예외를 발생시킨다.

```
>JSON.parse('{"result" = "ok" }')
<- VM465:2 Uncaught SyntaxError: Unexpected token =
```

완벽하게 호환되고 디버깅된 JSON 인코더로 전송된 JSON을 디버깅한다면, 오류 메시지가 큰 도움이 되지는 않지만 없는 것보다는 낫다.

둘째, 아주 오래된 브라우저는 이런 메서드를 포함하는 JSON 객체를 지원하지 않을 수도 있다. 이 경우 다음과 같이 괄호로 JSON을 둘러싼 후 eval 자바스크립트 함수를 사용할 수 있다.

```
>eval('('+json+')')
<- Object {result: "ok"}
```

eval 함수는 자바스크립트로 전달할 문자열을 평가한다. JSON 표기법이 자바스크립트의 부분 집합이긴 하지만 가능한 한 eval을 사용하지 않는 것이 좋다. 여기에는 몇 가지 이유가 있다. 첫째, eval은 JSON 객체가 제공하는 메서드보다 종종 느리다. 둘째, 안전하지 않다. 문자열에 자바스크립트 애플리케이션을 파괴하거나 중단시킬 수 있는 악성 자바스크립트가 포함돼 있을 수 있다. 이는 가볍게 넘길 수 있는 문제가 아니다. 가능한 한 JSON 객체를 사용하자. 셋째, 불^{Boolean}이나 숫자, 문자열 같은 간단한 값을 처리하는 데 parse나 stringify 메서드를 사용할 수 있는데, 앞의 예제에서는 키-값 쌍에 제한을 받지 않는다. 불 값만 전달하면 된다면("거래 성공" 같은), 다음과 같은 코드를 작성하면 된다

```
var jsonSuccess = 'true';
<- "true"
> var flag = JSON.parse(jsonSuccess);
```

마지막으로 parse와 stringify 메서드 모두 객체의 모든 키와 값이 직렬화되거나 역직렬화될 때 호출되는 추가적인 대체 함수를 필요로 한다는 것을 알아두는 것이 좋다. JSON이 파싱되는 즉시 데이터 변환을 수행하는 데 이 함수를 사용할 수 있다. 예를 들어, 초 단위 시간을 날짜의 문자열 표현으로 변환하거나 문자열을 대문자로 변환하는 데 사용할 수 있다. 예제에서 다음 코드와 같이 call 필드를 소문자로 변환하는 데 대체 함수를 사용했다.

```
> var object = JSON.parse(json, function(k, v) {
  if ( k == 'call') return v.toLowerCase();
});
<- Object { call:"kf6gpe", type:"l", time:"1399371514",
lasttime:"1418597513", lat:37.17667, lng:-122.14650, result: "ok"}
```

또한 결과에서 항목을 제거하기 위해 undefined를 반환할 수 있다. 다음을 수행하면 생성한 JSON에서 type 필드를 제거할 수 있다.

```
> var newJson = JSON.stringify(object, function (k, v) {
  if k == 'type') return undefined;
});
<- "{ "call":"KF6GPE","time":"1399371514","lasttime":
"1418597513","lat": 37.17667,"lng": -122.14650, "result" : "ok"
}"
```

C++에서 JSON 읽고 쓰기

C++은 JSON보다 훨씬 오래된 언어지만, 여전히 많은 프로젝트에서 사용되고 있다. C++은 JSON을 지원하지 않지만 JSON을 지원하는 많은 라이브러리가 있다. 아마도 가장 많이 사용되는 것은 **JsonCpp**일 것이다. 이 라이브러리는 https://github.com/open-source-parsers/jsoncpp에서 다운로드할 수 있다. MIT 라이선스를 적용하기 때문에 사용하는 데 거의 제한이 없다.

준비

JsonCpp를 사용하려면 먼저 웹사이트에서 전체 라이브러리 zip 파일을 다운로드하고 애플리케이션의 소스 코드와 통합해야 한다.

애플리케이션의 소스 코드와 통합하는 방법은 플랫폼에 따라 차이가 있지만, 일반적인 과정은 다음과 같다.

1. 웹사이트의 설명에 따라 라이브러리의 병합된 소스와 헤더를 만든다. 이를 위해 다운로드한 JsonCpp와 파이썬^{Python} 2.6 이상이 설치돼 있어야 한다. JsonCpp의 최상위 디렉토리에서 `python amalgamate.py`를 실행한다.

2. JsonCpp 라이브러리를 사용하고자 하는 모든 파일에 헤더 파일 `dist/json/json.h`를 포함한다.

3. 프로젝트의 메이크 파일이나 빌드 시스템에 소스 파일 `dist/jsoncpp.cpp`를 포함한다.

이렇게 하면 `json/json.h` 헤더를 포함하는 모든 파일에서 JsonCpp 인터페이스를 사용할 수 있다.

예제 수행

다음은 `std::string`을 포함하는 간단한 JSON과 JSON 객체 사이의 변환에 JsonCpp를 사용하는 간단한 C++ 애플리케이션을 보여준다.

```cpp
#include <string>
#include <iostream>
#include "json/json.h"

using namespace std;

int main(int argc, _TCHAR* argv[])
{
  Json::Reader reader;
  Json::Value root;

  string json = "{\"call\": \"KF6GPE\",\"type\":\"1\",\"time\":
  \"1399371514\",\"lasttime\":\"1418597513\",\"lat\": 37.17667,
  \"lng\": -122.14650,\"result\":\"ok\"}";

  bool parseSuccess = reader.parse(json, root, false);

  if (parseSuccess)
  {
    const Json::Value resultValue = root["result"];
    cout << "Result is " << resultValue.asString() << "\n";
  }

  Json::StyledWriter styledWriter;
  Json::FastWriter fastWriter;
  Json::Value newValue;
  newValue["result"] = "ok";

  cout << styledWriter.write(newValue) << "\n";
  cout << fastWriter.write(newValue) << "\n";

  return 0;
}
```

이 예제는 json/json.h를 포함해 JsonCpp 인터페이스 정의에 필요한 모든 파일을 포함하는 것으로 시작한다. 간결하게 하기 위해 명시적으로 std 네임스페이스를 참조하지만, JsonCpp에서 모든 인터페이스를 정의하는 Json 네임스페이스는 참조하지 않도록 한다

JsonCpp 구현은 각각 JSON 리더reader와 라이터writer를 지정하는 Json::Reader와 Json::Writer를 정의한다. 실제로 Json::Reader 인터페이스는 Json::Value로 값을 반환하는 JSON을 읽을 수 있는 JSON 클래스의 구현을 포함한다. Json::Writer 변수는 단지 인터페이스를 정의하며, Json::Value 객체에서 JSON을 생성하는 Json::FastWriter나 Json::StyledWriter 같은 Json::Writer의 서브 클래스를 사용하는 경우가 많다.

예제의 목록은 Json::Reader와 Json::Value를 정의함으로써 시작된다. 리더를 사용해 다음 라인에서 정의한 JSON을 읽고 이 값을 Json::Value 변수인 root에 저장한다(아마도 실제 C++ 애플리케이션에서는 웹 서버나 로컬 파일 같은 외부 소스로부터 JSON을 읽을 것이다).

JSON의 파싱은 리더의 parse 함수를 호출하고 JSON과 Json::Value를 전달하면 된다. JSON 파싱이 성공하면 불 값 true를 반환한다.

Json::Value 클래스는 JSON 객체를 트리로 나타낸다. 개별 값은 원본 JSON의 속성 이름에 의해 참조되고, 값은 네이티브 C++ 타입으로 객체의 값을 반환하는 asString 같은 메서드에 의해 접근 가능한 키의 값이다. 이 Json::Value의 메서드는 다음을 포함한다.

▶ std::string을 반환하는 asString
▶ Int을 반환하는 asInt
▶ UInt을 반환하는 asUInt
▶ Int64을 반환하는 asInt64
▶ float을 반환하는 asFloat
▶ double을 반환하는 asDouble
▶ bool을 반환하는 asBool

추가로 클래스는 `operator[]`를 제공해 배열 요소에 접근할 수 있게 해준다.

또한 `Json::Value` 객체를 쿼리해 이들 메서드에서 사용하는 유형을 결정할 수 있다.

- ▶ 값이 `null`이면 `true`를 반환하는 `isNull`
- ▶ 값이 `bool`이면 `true`를 반환하는 `isBool`
- ▶ 값이 `Int`면 `true`를 반환하는 `isInt`
- ▶ 값이 `UInt`면 `true`를 반환하는 `isUInt`
- ▶ 값이 정수면 `true`를 반환하는 `isIntegral`
- ▶ 값이 `double`이면 `true`를 반환하는 `isDouble`
- ▶ 값이 숫자면 `true`를 반환하는 `isNumeric`
- ▶ 값이 문자열이면 `true`를 반환하는 `isString`
- ▶ 값이 배열이면 `true`를 반환하는 `isArray`
- ▶ 값이 다른 JSON 객체(다른 `Json::Value` 값을 사용해 분해할 수 있는 객체)면 `true`를 반환하는 `isObject`

어쨌든, 예제에서 `asString`을 사용해 `result` 속성으로 인코딩돼 있는 `std::string` 값을 가져오고 이를 콘솔에 기록한다.

다음으로 새로운 JSON을 포함하는 하나의 `Json::Value` 객체뿐 아니라 형식이 잘 정의된 JSON과 형식이 없는 JSON을 생성하는 `Json::StyledWriter`와 `Json::FastWriter`를 정의한다. 표준 C++ 형식을 JSON 객체로 변환할 수 있는 적절한 구현으로 `operator[]`와 `operator[]=` 메서드를 오버라이드하기 때문에 콘텐츠를 JSON 값에 할당하는 것은 간단하다. 따라서 다음 코드는 속성을 `result`로, 값을 `ok`로 설정한 하나의 JSON 속성-값 쌍을 생성한다(예제에는 포함돼 있지 않지만, JSON 객체를 다른 JSON 객체에 할당해 JSON 속성-값 쌍의 트리 구조를 생성할 수 있다).

```
newValue["result"] = "ok";
```

먼저 `StyledWriter`를 사용하고, 다음으로 `FastWriter`를 사용해 `newValue`의 JSON 값을 인코딩해 각각의 문자열을 콘솔에 출력한다.

물론 JsonCpp에 단일 값을 전달할 수도 있다. 배정밀도의 숫자를 전달하고 싶다면, 다음과 같은 코드를 실행하면 된다.

```
Json::Reader reader;
Json::Value piValue;

string json = "3.1415";
bool parseSuccess = reader.parse(json, piValue, false);
  double pi = piValue.asDouble();
```

부연 설명

JsonCpp의 문서는 독시젠Doxygen으로 만들 수 있다. http://www.stack.nl/~dimitri/doxygen/에서 독시젠을 다운받고 JsonCpp 배포판의 doc 폴더에서 실행한다.

C++에서 JSON을 지원하는 다른 구현도 있다. 전체 목록은 http://json.org/를 참조한다.

C#에서 JSON 읽고 쓰기

C#은 리치 애플리케이션뿐 아니라 ASP.NET에서 실행되는 웹 서비스의 클라이언트를 작성하는 데 일반적으로 사용되는 클라이언트 측 언어다. 닷넷 라이브러리는 System.Web.Extensions 어셈블리에서 JSON의 직렬화 및 역직렬화를 지원한다.

준비

이 예제는 많은 .NET 라이브러리 중 하나인 System.Web.Extensions 어셈블리의 내장된 JSON 직렬 변환기serializer와 역직렬 변환기deserializer를 사용한다. 최신 버전의 비주얼 스튜디오(https://www.visualstudio.com/en-us/downloads/visual-studio-2015-downloads-vs.aspx 참조)를 설치했다면 사용할 수 있다. 이 어셈블리를 사용하기 위해서는 비주얼 스튜디오의 애플리케이션 레퍼런스에 이 어셈블리를 포함하면 된다. 프로젝트의 References 아이템을 마우스 오른쪽 버튼으로 클릭하고, Add Reference를 선택한 다음, Framework Assemblies 목록에서 System.Web.Extensions로 이동한다.

다음은 일부 JSON을 직렬화해 속성-객체 쌍의 딕셔너리^{Dictionary}로 만드는 예제 애플리케이션을 보여준다.

```
using System;
using System.Collections.Generic;
using System.Web.Script.Serialization;

namespace JSONExample
{
    public class SimpleResult
    {
        public string result;
    }

    class Program
    {
        static void Main(string[] args)
        {
            JavaScriptSerializer serializer =
            new System.Web.Script.Serialization.
            JavaScriptSerializer();

            string json = @"{ ""call"":""KF6GPE"",""type"":
""l"",""time"":""1399371514"",""lasttime"":""1418597513"",
""lat"": 37.17667,""lng\": -122.14650,""result"": ""ok"" }";

dynamic result = serializer.DeserializeObject(json);
            foreach (KeyValuePair<string, object> entry in result)
            {
                var key = entry.Key;
                var value = entry.Value as string;
Console.WriteLine(String.Format("{0} : {1}",
key, value));
            }
            Console.WriteLine(serializer.Serialize(result));
```

```
        var anotherResult = new SimpleResult { result="ok" };
        Console.WriteLine(serializer.Serialize(
        anotherResult));
        }
    }
}
```

예제 분석

System.Web.Extensions 어셈블리는 System.Web.Script.Serialization 네임스페이스에 JavaScriptSerializer 클래스를 제공한다. 예제는 간단한 클래스인 SimpleResult를 정의하는 것으로 시작한다. 예제에서 이 클래스는 JSON으로 인코딩된다.

Main 메서드는 먼저 JavaScriptSerializer 인스턴스를 정의하고, 문자열에는 JSON을 포함한다. JSON의 파싱은 JavaScriptSerializer 인스턴스의 DeserializeObject 메서드를 호출하면 된다. 이 메서드에서 반환하는 객체의 타입은 전달하는 JSON에 따라 런타임 시에 결정된다.

 DeserializeObject를 사용하면 타입세이프한 방법으로 JSON을 파싱할 수 있다. 반환된 객체의 타입은 메서드에 전달한 유형과 일치한다. 이에 대해서는 7장 '타입세이프한 방법으로 JSON을 사용하기'에서 자세히 다룬다.

DeserializeObject는 키-값 쌍의 Dictionary를 반환한다. 키는 JSON의 속성이며, 값은 이들 속성의 값을 나타내는 객체다. 예제에서 딕셔너리dictionary에 있는 키와 값을 탐색하며 이들을 출력한다. JSON에 있는 값의 유형을 알고 있기 때문에 C#의 as 키워드를 사용해 적절한 타입(예제의 경우 string)으로 변환할 수 있다. string이 아니라면, null 값을 받을 것이다. as나 C#의 타입 예측type inference을 사용해 JSON의 알려지지 않은unknown 객체를 판별할 수 있다. 이는 엄격한 의미가 결여된 JSON을 쉽게 파싱할 수 있게 해준다.

`JavaScriptSerializer` 클래스는 `Serialize` 메서드도 포함하고 있다. 직렬화된 결과와 마찬가지로 속성-값 쌍의 딕셔너리나 C# 클래스의 인스턴스로 전달할 수 있다. 클래스로 전달할 경우, 클래스 필드와 값을 내포^{introspecting}해 클래스를 직렬화하려고 시도한다.

부연 설명

마이크로소프트가 제공하는 JSON 구현은 많은 애플리케이션의 목적에 적합하지만, 여러분이 작성하고자 하는 애플리케이션에 항상 적합한 것은 아니다. 다른 개발자들이 구현해 놓은 마이크로소프트와 동일한 인터페이스를 사용하는 더 좋은 JSON이 많이 있다. 이 중에서 뉴톤소프트^{Newtonsoft}의 Json.NET(http://json.codeplex.com/) 또는 비주얼 스튜디오의 뉴겟^{NuGet}이 좋은 선택이 될 것이다. 이들은 닷넷 플랫폼(윈도우즈 폰^{Windows Phone} 포함) 및 LINQ나 XPath 같은 JSON용 쿼리를 좀 더 폭넓게 지원하며, 마이크로소프트의 구현보다 빠르다. 사용법은 마이크로소프트와 비슷하다. 웹이나 뉴겟^{NuGet}에서 패키지를 설치하고, 어셈블리의 참조를 애플리케이션에 추가한다. 그리고 `NewtonSoft.Json` 네임스페이스에서 `JsonSerializer` 클래스를 사용하면 된다. 마이크로소프트의 구현과 동일한 `SerializeObject` 및 `DeserializeObject` 메서드를 정의해 이 라이브러리로 쉽게 전환할 수 있다. Json.NET의 저자인 제임스 뉴튼-킹^{James Newton-King}은 MIT 라이선스로 이 라이브러리를 사용할 수 있도록 했다.

다른 언어와 마찬가지로, 역직렬화와 직렬화 과정을 통해 기본형^{primitive type}을 지원할 수 있다. 예를 들어, 다음 코드를 수행하면 동적 변수 piResult에는 결과로 부동 소수점 3.14가 할당된다.

```
string piJson = "3.14";
dynamic piResult = serializer.DeserializeObject(piJson);
```

앞에서 언급한 바와 같이, 타입세이프한 방법으로 이 작업을 수행할 수 있다. 이에 대해서는 7장 '타입세이프한 방법으로 JSON을 사용하기'에서 자세히 다룬다. 이 작업은 일반적인 메서드인 `DeserializeObject<>`에 역직렬화하고자 하는 유형의 타입 변수를 전달하면 된다.

자바에서 JSON 읽고 쓰기

자바는 C++과 마찬가지로 JSON보다 오래된 언어다. 오라클은 현재 자바에 JSON 지원을 추가했지만, JSON을 지원하는 몇 가지 구현이 이미 웹에서 사용 가능하다. 앞에서 살펴본 C++ 구현과 마찬가지로 서드 파티 라이브러리를 사용해 JSON과 자바 사이를 변환할 수 있다. 이 경우, 자바 아카이브JAR 파일로 패키지되며 구현은 일반적으로 이름있는 객체의 트리로 구성된 JSON 객체로 표현된다.

가장 인기 있는 JSON의 자바 구현은 Gson으로, http://code.google.com/p/google-gson/에서 사용할 수 있다. Gson은 아파치 라이선스 2.0을 따른다.

준비

먼저 Gson이 필요하다. 다음 명령을 사용해 저장소에서 읽기 전용 체크아웃을 수행하면 된다.

```
svn checkout http://google-gson.googlecode.com/svn/trunk/google-gson
-read-only
```

물론, 자바 개발 키트(http://www.oracle.com/technetwork/java/javase/downloads/index.html)와 SVN(TortoiseSVN은 윈도우에서 사용할 수 있는 좋은 클라이언트로 http://tortoisesvn.net/downloads.html에서 사용 가능하다)이 설치돼 있을 것을 가정한다. 대부분의 자바 IDE는 SVN을 지원한다.

코드를 체크아웃한 다음, Gson JAR 파일을 빌드할 때 함께 제공되는 지침에 따라 JAR 파일을 프로젝트에 추가한다.

시작하기 위해 com.google.gson.Gson 객체를 생성해야 한다. 이 클래스는 JSON과 자바 사이의 변환에 사용되는 인터페이스를 정의한다.

```
Gson gson = new com.google.gson.Gson();
String json = "{\"call\": \"KF6GPE\", \"type\": \"1\", \"time\":
\"1399371514\", \"lasttime\": \"1418597513\", \"lat\": 37.17667,
\"lng\": -122.14650,\"result\":\"ok\"}";
com.google.gson.JsonObject result = gson.fromJson(json,
JsonElement.class).getAsJsonObject();
```

JsonObject 클래스는 JSON 객체를 포함하는 최상위 객체를 정의한다. 다음과 같이 get과 add 메서드로 속성을 구하고 설정할 수 있다.

```
JsonElement result = result.get("result").getAsString();
```

Gson 라이브러리는 JsonElement 클래스를 사용해 하나의 JSON 값으로 캡슐화한다. 이는 JsonElement에 포함된 값을 플레인 자바 타입으로 가져올 수 있는 다음과 같은 메서드를 포함한다.

- ▶ getAsBoolean: Boolean 값을 반환한다.
- ▶ getAsByte: byte 값을 반환한다.
- ▶ getAsCharacter: char 값을 반환한다.
- ▶ getAsDouble: double 값을 반환한다.
- ▶ getAsFloat: float 값을 반환한다.
- ▶ getAsInt: int 값을 반환한다.
- ▶ getAsJsonArray: JsonArray 값을 반환한다.
- ▶ getAsJsonObject: JsonObject 값을 반환한다.
- ▶ getAsLong: long 값을 반환한다.
- ▶ getAsShort: short 값을 반환한다.
- ▶ getAsString: string 값을 반환한다.

또한 다음 메서드를 사용해 JsonElement의 타입을 알 수 있다.

- ▶ isJsonArray: 엘리먼트가 객체의 배열인 경우 true를 반환한다.
- ▶ isJsonNull: 엘리먼트가 null인 경우 true를 반환한다.
- ▶ isJsonObject: 엘리먼트가 복합 객체(다른 JSON 트리)인 경우 true를 반환한다.
- ▶ isJsonPrimitive: 엘리먼트가 number나 string 같은 프리머티브 타입인 경우 true를 반환한다.

부연 설명

또한 다음과 같은 방식으로 클래스의 인스턴스를 직접 JSON으로 변환할 수 있다.

```
public class SimpleResult {
    public String result;
}

// 코드의 다른 곳에 작성…
Gson gson = new com.google.gson.Gson();
SimpleResult result = new SimpleResult;
result.result = "ok";
String json = gson.toJson(result);
```

이 코드는 하나의 인스턴스를 생성하는 데 사용되는 SimpleResult 클래스를 정의한다. 그런 다음 Gson의 메서드 toJson으로 JSON을 포함하는 문자열로 변환하는 Gson 객체 인스턴스를 사용한다.

마지막으로 JsonElement는 단일 값을 캡슐화하기 때문에 다음과 같이 JSON으로 표현된 간단한 값을 처리할 수 있다.

```
Gson gson = new com.google.gson.Gson();
String piJson = "3.14";
double result = gson.fromJson(piJson,
JsonElement.class).getAsDouble();
```

이 코드는 JSON의 기본값 3.14를 자바의 double로 변환한다.

C# 예제와 마찬가지로, 타입세이프한 방법으로 JSON을 직접 플레인 구형 자바 객체 POJO로 변환할 수 있다. 자세한 내용은 7장 '타입세이프한 방법으로 JSON 사용하기' 에서 설명한다.

또한 자바에서 JSON 변환을 지원하는 여러 구현들이 있다. 전체 목록은 http://json. org/를 참조하자.

펄에서 JSON 읽고 쓰기

펄Perl 역시 JSON보다 오래된 언어다. 하지만 CPANComprehensive Perl Archive Network, 종합 펄 아 카이브 네트워크에서 JSON 변환을 지원하는 좋은 구현을 사용할 수 있다.

예제 수행

먼저 CPAN에서 JSON 모듈을 다운로드해 설치한다. 일반적으로 파일을 다운로드해 압축을 해제한 다음 펄이 설치된 시스템에서 다음을 실행해 구성을 만든다.

```
perl Makefile.PL
make
make install
```

다음은 간단한 예제다.

```
use JSON;
use Data::Dumper;
my $json = '{ "call":"KF6GPE","type":"l","time":"1399371514",
"lasttime":"1418597513","lat": 37.17667,"lng": -122.14650,
"result" : "ok" }';
my %result = decode_json($json);
print Dumper(result);
print encode_json(%result);
```

JSON 모듈이 제공하는 인터페이스를 살펴보자.

CPAN 모듈은 JSON 디코딩과 인코딩을 위해 각각 `decode_json`과 `encode_json` 메서드를 정의하고 있다. 이들 메서드는 JSON을 포함하는 리터럴 값과 연관 배열^{associative}^{arrays}, 문자열 같은 펄 객체 사이를 상호 전환한다.

코드는 JSON과 `Data::Dumper` 모듈을 가져오는 것으로 시작한다. 다음으로 파싱하고자 하는 JSON을 포함하는 단일 문자열 `$json`을 정의한다.

`$json`에 있는 JSON으로, JSON에서 정의된 객체를 포함하는 연관 배열로 `%result`를 정의하고, 다음 라인의 해시 값을 덤프한다.

마지막으로 해시를 JSON으로 재인코딩하고 결과를 터미널에 출력한다.

참고 사항

JSON CPAN 모듈에 대한 자세한 정보를 얻거나 다운로드하고 싶다면 https://metacpan.org/pod/JSON를 방문하자.

파이썬에서 JSON 읽고 쓰기

파이썬은 json 모듈을 통해 파이썬 2.6부터 JSON을 기본적으로 지원해왔다. 이 모듈을 사용하면 import 문을 사용해 모듈을 가져오고, json 객체를 통해 인코더와 디코더에 쉽게 접근할 수 있다.

준비

JSON을 참조할 수 있도록 소스 코드에 다음을 입력한다.

```
import json
```

다음은 파이썬 인터프리터에서 가져온 간단한 예다.

```
>>> import json
>>>json = '{ "call":"KF6GPE","type":"l","time":"1399371514",
"lasttime":"1418597513","lat": 37.17667,"lng": -122.14650,
"result" : "ok" }'
u'{"call":"KF6GPE","type":"l","time":"1399371514",
"lasttime":"1418597513","lat": 37.17667,"lng": -122.14650,
"result": "ok" }'
>>>result = json.loads(json)
{u'call':u'KF6GPE',u'type':u'l',u'time':u'1399371514',
u'lasttime':u'1418597513',u'lat': 37.17667,u'lng':
-122.14650,u'result': u'ok'}
>>> result['result']
u'ok'
>>> print json.dumps(result)
{"call":"KF6GPE","type":"l","time":"1399371514",
"lasttime":"1418597513","lat": 37.17667,"lng": -122.14650,
"result":"ok"}
>>> print json.dumps(result,
... indent=4)
{
"call":"KF6GPE",
"type":"l",
"time":"1399371514",
"lasttime":"1418597513",
"lat": 37.17667,
"lng": -122.14650,
    "result": "ok"
}
```

loads와 dumps를 자세히 살펴보자.

예제 분석

파이썬은 객체 계층 구조를 통해 연관 배열을 아주 잘 지원하고 있다. json 모듈은 텍스트 문자열의 JSON을 연관 배열로 전환하고, 연관 배열을 텍스트 문자열의 JSON으로 전환하는 loads와 dumps 메서드를 가진 json 객체를 제공한다. 파이썬의 marshal과 pickle 모듈에 익숙하다면, 인터페이스가 유사하다. loads 메서드를 사용해 JSON 표현에서 파이썬 객체를 구하고 dumps 메서드로 객체를 JSON으로 전환한다.

이전 목록은 이 작업을 수행한다. JSON을 포함하고 있는 변수 j를 정의하고, json.loads를 사용해 파이썬 객체 result를 가져온다. JSON의 필드는 파이썬 result 객체의 이름있는 객체로 접근할 수 있다(모듈에 대한 인터페이스의 정의를 숨기기 때문에 JSON 문자열 json을 호출할 수 없다).

JSON을 변환하기 위해 json.dumps 메서드를 사용한다. 기본적으로 dumps는 최소한의 공백만 포함한 JSON의 컴팩트한 버전을 생성한다. 이것은 망을 통한 전송이나 파일 저장에 사용되는 가장 이상적인 형태다. 선택적인 indent와 separators 인수를 사용해 들여쓰기 및 약간의 공백을 추가하면 JSON을 디버깅할 때 큰 도움이 된다. indent 인수는 문자열에서 각각의 연속적인 중첩된 객체를 구분하는 공백을 표시하고, separators는 각각의 객체와 각 속성과 값 사이의 구분을 표시한다.

참고 사항

json 모듈에 대한 자세한 문서는 https://docs.python.org/2/library/json.html를 참조한다.

2 서버에서 JSON 읽고 쓰기

1장에서는 가장 일반적인 클라이언트 측 환경에서 JSON을 다루는 방법을 살펴봤다. 2장에서는 서버 측 JSON 인코딩 및 디코딩으로 관심을 돌려본다.

2장에서 다루는 내용은 다음과 같다.

- ▶ 클로저에서 JSON 읽고 쓰기
- ▶ F#에서 JSON 읽고 쓰기
- ▶ Node.js에서 JSON 읽고 쓰기
- ▶ PHP에서 JSON 읽고 쓰기
- ▶ 루비에서 JSON 읽고 쓰기

C++와 자바 같은 일부 언어는 클라이언트뿐만 아니라 서버 측에서도 사용할 수 있다. 이들 언어에 대해서는 이미 1장에서 다뤘다(한 가지 예외는 Node.js에서 JSON을 다루는 방법인데, Node.js는 이 책에서 큰 비중을 차지하기 때문에 2장에서 따로 다룬다).

클로저에서 JSON 읽고 쓰기

클로저Clojure는 자바와 마이크로소프트 **공용 언어 런타임**CLR, Common Language Runtime 플랫폼에서 동작하는 LISP의 변종이다. 따라서 JSON과 네이티브 런타임 객체 사이의 변환에 1장에서 다룬 도구들을 사용할 수 있지만, 클로저의 data.json 모듈이라는 더좋은 방법이 있다. 이 모듈은 https://github.com/clojure/data.json에서 사용할 수 있다.

준비

data.json 모듈의 종속성을 지정하는 것으로 시작한다. Leiningen 파일에서 다음과 같이 종속성을 지정한다.

```
[org.clojure/data.json "0.2.5"]
```

메이븐Maven을 사용하는 경우, 다음과 같이 작업한다.

```
<dependency>
<groupId>org.clojure</groupId>
<artifactId>data.json</artifactId>
<version>0.2.5</version>
</dependency>
```

 물론 이 책을 작성한 시점과 실제 프로젝트에 사용하려는 시점 간 파일의 data.json 버전이 다를 수 있다. 따라서 data.json 프로젝트에서 현재 버전을 확인하는 것이 좋다.

마지막으로 코드에 json 같은 네임스페이스로 data.json 모듈을 포함해야 한다.

```
(ns example
  (:require [clojure.data.json :as json]))
```

이것은 json 네임스페이스를 통해 data.json 모듈의 구현을 사용할 수 있게 해준다.

클로저 맵을 JSON으로 인코딩하는 것은 아주 쉽다. 다음과 같이 json/write-str을 호출하기만 하면 된다.

```
(json/write-str {:call "KF6GPE",:type "l",:time
"1399371514":lasttime"1418597513",:lat 37.17667,:lng
-122.14650: :result "ok"})
;;=>"{\"call\": \"KF6GPE\", \"type\": \"l\", \"time\":
\"1399371514\", \"lasttime\": \"1418597513\", \"lat\": 37.17667,
\"lng\": -122.14650,\"result\":\"ok\"}"
```

JSON을 쓸 java.io.Writer 스트림 구현을 가지고 있다면, json/write를 사용해도 된다.

```
(json/write {:call "KF6GPE",:type "l", :time
"1399371514":lasttime "1418597513",:lat 37.17667, :lng
-122.14650: result "ok" } stream)
```

읽는 동작은 쓰기의 반대며 관련된 배열로 JSON을 읽어 처리할 수 있다.

```
(json/read-str "{\"result\":\"ok\"}")
;;=> {"result" "ok"}
```

또한 json/write의 반대인 json/read도 있다. 이것은 스트림을 받아 파싱된 JSON의 맵을 반환한다.

이들 메서드는 모두 모듈이 각각의 JSON 속성 이름에 적용되는 :key-fn 인수와 모듈이 속성 값에 적용되는 :value-fn 인수, 이 두 옵션 인수를 받는다. 예를 들어 다음과 같이 :key-fn keyword를 사용해 JSON을 전통적인 클로저의 키워드 맵으로 변환할 수 있다.

```
(json/read-str "{\"call\": \"KF6GPE\", \"type\": \"l\", \"time\":
\"1399371514\", \"lasttime\": \"1418597513\", \"lat\": 37.17667,
\"lng\": -122.14650,\"result\":\"ok\"}:key-fn keyword)
;;=> {:call "KF6GPE",:type "l", :time
```

```
"1399371514":lasttime "1418597513",:lat 37.17667, :lng
-122.14650: :result "ok"}
```

또는 다음과 같이 키를 대문자로 변환해 람다^{lambda}를 제공할 수도 있다.

```
(json/write-str {:result "OK"}
                  :key-fn #(.toUpperCase %))
;;=> "{\"RESULT\":"OK"}"
```

다음과 같이 data.json 문서의 :value-fn을 사용해 ISO 날짜 문자열을 JSON을 파싱하는 자바 Date 객체로 변환하는 좋은 예제가 있다.

```
(defn my-value-reader [key value]
  (if (= key :date)
    (java.sql.Date/valueOf value)
    value))


(json/read-str "{\"result\":\"OK\",\"date\":\"2012-06-02\"}"
                :value-fn my-value-reader
                :key-fn keyword)
;;=> {:result"OK", :date #inst "2012-06-02T04:00:00.000-00:00"}
```

앞의 코드는 다음과 같은 작업을 수행한다.

1. 유형을 결정하는 데 JSON 키-값 쌍의 키워드를 이용하는 헬퍼 함수 my-value-reader를 정의한다.

2. 주어진 :date의 JSON 키 값은 java.sql.Date 메서드 valueOf에 전달되는 문자열로 처리된다. 이 메서드는 파싱한 문자열의 값과 함께 Date 인스턴스를 반환한다.

3. json/read-str을 호출해 result 필드와 date 필드의 두 개의 필드로 구성된 간단한 JSON을 파싱한다.

4. JSON 파서는 JSON을 파싱해 JSON 속성 이름을 키워드로 변환하고, 앞에서 날짜 값을 java.sql.Date 표현식으로 변환하도록 정의한 값 변환기를 사용한다.

F#에서 JSON 읽고 쓰기

F#은 CLR과 .NET에서 동작하는 객체지향 프로그래밍 언어다. 닷넷에서 동작하기 때문에 JSON과 CLR 객체 사이의 변환에 Json.NET(1장에서 다루었다) 같은 서드-파티 라이브러리를 사용할 수 있다. 하지만 JSON을 포함한 다양한 구조적인 포맷의 데이터를 처리하는 데이터 타입 제공자를 생성하는 오픈소스 라이브러리인 F# Data 같은 더 좋은 방법이 있다.

준비

https://github.com/fsharp/FSharp.Data에서 라이브러리의 복사본을 가져오는 것으로 시작한다. 라이브러리를 다운로드한 후 빌드해야 한다. 이 작업은 배포판에 딸려 있는 build.cmd 빌드 배치 파일을 구동하면 된다(자세한 내용은 F# Data 웹사이트를 참조한다). 또는 누겟^{NuGet}에서 Projects 메뉴에서 Manage NuGet Package를 선택하고 F# Data를 검색해 동일한 패키지를 찾을 수 있다. 패키지를 찾으면 Install을 클릭한다. 나는 누겟을 선호하는데, 누겟은 자동으로 FSharp.Data 어셈블리를 프로젝트에 추가하고 사용자가 소스를 구축해야 하는 번거로움을 제거해주기 때문이다. 한편으로 소스 배포판은 오프라인에서 읽을 수 있는 문서를 쉽게 만들어준다.

F# Data의 인스톨이 완료되면, 단순히 사용하고자 하는 소스 파일에서 다음과 같이 open 지시어를 사용해 열어주면 된다.

```
open FSharp.Data
```

예제 수행

JSON과 F# 객체 사이를 변환하고 다른 F# 객체로부터 새로운 JSON을 만드는 예제 코드는 다음과 같다.

```
open FSharp.Data

type Json = JsonProvider<""" { "result":"" } """>
let result = Json.Parse(""" { "result":"OK" } """)
```

```
let newJson = Json.Root( result = "FAIL")

[<EntryPoint>]
let main argv =
    printfn "%A" result.Result
    printfn "%A" newJson
    printfn "Done"
```

어떻게 동작하는지 살펴보자.

예제 분석

먼저 F#은 강력하게 형식화됐고 데이터의 유형을 유추한다는 사실을 기억할 필요가 있다. 이를 이해하는 것은 F# Data 라이브러리의 동작을 이해하는 데 매우 중요하다. 이전 섹션에서 살펴본 변환기가 JSON을 키-값 쌍으로 매핑하는 예제들과 달리, F# Data 라이브러리는 제공된 JSON에서 전체 데이터 형식을 유추한다. 여러 가지 면에서 이는 JSON 변환에 다른 변환기를 사용하는 동적 컬렉션 중심^{dynamic collection-oriented}의 접근 방식과 7장 '타입세이프한 방법으로 JSON을 사용하기'에서 알아볼 타입세이프한 방법 모두에서 가장 좋은 방법이다. 이는 파싱하는 JSON의 클래스 표현을 힘들게 만들 필요가 없고, 작성하는 코드에서 컴파일 시 타입 안전성에 대한 모든 장점을 얻을 수 있기 때문이다. F# Data가 작성하는 데이터 구조는 지능적이어서 도구 사용 힌트와 편집기에서의 이름 자동완성 기능을 사용할 수 있다.

앞의 예제를 하나씩 살펴보자.

```
open FSharp.Data
```

첫 번째 줄은 프로그램에서 F# Data 클래스를 사용할 수 있게 해준다. JSON의 소스에서 F# 형식을 생성하는 JsonProvider 클래스를 정의한다.

```
type Json= JsonProvider<""" { "result":"" } """>
```

이 줄은 제공된 JSON에서 유추한 필드와 필드 형식을 가지는 새로운 F# 형식인 Json을 정의한다. 이는 내부에서 많은 작업을 처리한다. 멤버 이름과 멤버의 형식을 유추하고, 심지어 복잡한 레코드와 옵션 필드뿐 아니라 혼합된 숫자 값(정수와 부동 소수점으로 구성된 배열을 가지고 있을 때, 정확하게 숫자로 유추해 둘 다 표현할 수 있다)과 같은 여러 가지 작업을 처리한다.

JsonProvider에 다음 세 가지 중 하나를 전달할 수 있다.

1. JSON이 포함된 문자열. 가장 단순한 경우다.

2. JSON을 포함하는 파일의 경로. 라이브러리는 파일을 열고 내용을 읽어 형식을 유추한다. 그리고 파일의 JSON을 나타낼 수 있는 형식을 반환한다.

3. URL. 라이브러리는 URL에서 문서를 가져와 JSON을 파싱하고, 내용을 읽어 동일하게 형식을 유추한다. 그리고 URL의 JSON을 나타낼 수 있는 형식을 반환한다.

다음 줄은 다음과 같이 단일 JSON 문서를 파싱한다.

```
let result = Json.Parse(""" { "result":"OK" } """)
```

처음에는 조금 이상해 보일 수 있다. 왜 JSON을 JsonProvider와 Parse 메서드 모두에 전달할까? JsonProvider는 제공된 JSON에서 형식을 만든다는 것을 기억하자. 즉, JSON을 그 값을 위해 파싱하지 않고 JSON 문서 자체를 모델링할 수 있는 클래스를 만들기 위한 데이터의 형식을 얻기 위해 JSON을 파싱한다. 이는 매우 중요하다. JsonProvider에 애플리케이션에서 발생할 수 있는 특정 형식의 모든 JSON 문서에서 공통적인 필드와 값을 가지는 대표 JSON 문서를 전달하고자 할 것이다. JsonProvider가 생성하는 클래스의 Parse 메서드에 특정한 JSON 문서(예를 들어, 웹서비스 결과)를 전달한다. 다음으로 Parse는 Parse를 호출한 클래스의 인스턴스를 반환한다.

이제 Parse가 반환한 클래스의 인스턴스에 있는 필드에 접근할 수 있다. 예를 들어, 뒤에서 애플리케이션의 main 함수에서 result.Result의 값을 출력할 것이다.

JSON을 생성하기 위해 직렬화할 데이터를 모델링하는 형식의 인스턴스가 필요하다. 다음 줄에서, 새로운 JSON 문자열을 생성하기 위해 만든 Json 형식을 사용한다.

```
let newJson = Json.Root( result = "FAIL")
```

이 코드는 result 필드가 문자열 FAIL로 설정된 Json 형식의 인스턴스를 생성하고, 새로운 문자열로 이 인스턴스를 직렬화한다.

마지막으로 프로그램의 나머지 부분은 작성한 프로그램의 진입점으로, 단지 파싱된 객체와 생성된 JSON을 출력한다.

부연 설명

F# Data 라이브러리는 JSON 이외의 다른 포맷도 지원한다. **쉼표로 구분된 값**[CSV, Comma Separated Values]뿐 아니라 HTML과 XML도 지원한다. 모든 형식의 구조화된 데이터를 다루는 훌륭한 라이브러리며, F#으로 작업한다면 반드시 익숙해지기 바란다.

Node.js로 JSON 읽고 쓰기

Node.js는 조이엔트[Joyent]가 주도한 서버 측 프로그래밍을 위한 자바스크립트 환경으로, 구글이 크롬을 위해 만든 고성능의 자바스크립트 런타임과 동일한 런타임을 기반으로 한다. 높은 성능과 비동기 프로그래밍 모델은 웹 서버를 위한 우수한 환경으로 만들었고, 월마트 등 주요 기업에서 사용되고 있다.

준비

다음 두 장에서도 Node.js를 사용할 것이므로, 여러분의 서버가 아파치[Apache]나 마이크로소프트의 IIS 같은 다른 환경을 사용하고 있을지라도 Node.js를 다운로드하고 인스톨하는 방법을 알아둘 필요가 있다. http://www.nodejs.org/로 이동해 첫 페이지에서 설치 프로그램을 다운로드한다. 설치 프로그램은 Node.js와 Node.js에서 사용하는 패키지 관리자인 npm을 실행하는 데 필요한 모든 자원을 설치한다.

 윈도우에서 설치한 후, Node.js 설치 프로그램이 제대로 설치돼 윈도우 셀이 node와 npm 명령을 제대로 찾도록 시스템을 재부팅하는 것이 좋다.

Node.js가 설치되면, Node.js에서 간단한 HTTP 서버를 가져와 설치가 잘 됐는지 테스트할 수 있다. 이를 위해 example.js 파일에 다음 코드를 추가한다.

```
var http = require('http');
http.createServer(function(req, res) {
    res.writeHead(200, {'Content-Type': 'text/plain'});
    res.end('Hello world\n');
}).listen(1337, 'localhost');
console.log('Server running at http://localhost:1337');
```

이 코드는 Node.js의 http 모듈을 로드한 다음, 1337 포트에 바인딩된 로컬 컴퓨터에서 실행되는 웹 서버를 생성한다. 작성한 파일과 같은 디렉토리의 명령 프롬프트에서 다음 명령을 입력해 실행할 수 있다.

```
node example.js
```

그런 다음, 브라우저에 http://localhost:1337/을 입력한다. 모든 동작이 성공하면 웹 브라우저에서 "Hello World" 메시지를 볼 수 있다.

 node 명령으로 포트에 접근할 수 있게, 사전에 시스템 방화벽의 설정이 필요할 수도 있다.

예제 수행

Node.js가 크롬의 V8 자바스크립트 엔진을 사용하기 때문에 JSON 작업은 크롬의 Node.js와 동일하다. 자바스크립트 런타임은 JSON 파서와 직렬화를 제공하는 JSON 객체를 정의한다.

JSON을 파싱하기 위해서, 다음과 같이 JSON.parse 메서드만 호출하면 된다.

```
var json = '{ "call":"KF6GPE","type":"l","time":
"1399371514","lasttime":"1418597513","lat": 37.17667,"lng":
-122.14650,"result" : "ok" }';
var object = JSON.parse(json);
```

이 코드는 JSON을 파싱해 변수 객체에 할당한 데이터를 포함하는 자바스크립트 객체를 반환한다.

물론, 다음과 같이 `JSON.stringify`를 사용해 반대의 작업도 수행할 수 있다.

```
var object = {
call:"KF6GPE",
type:"l",
time:"1399371514",
lasttime:"1418597513",
lat:37.17667,
lng:-122.14650,
result: "ok"
};

var json = JSON.stringify(object);
```

참고 사항

자바스크립트에서 JSON을 파싱하고 생성하는 방법에 대한 자세한 내용은 1장의 '자바스크립트에서 JSON 읽고 쓰기'를 참고한다.

PHP에서 JSON 읽고 쓰기

PHP는 아파치와 마이크로소프트 IIS 웹서버와 쉽게 통합되는 인기 있는 서버 측 스크립팅 환경이다. PHP는 간단한 JSON 인코딩 및 디코딩을 기본적으로 지원한다.

예제 수행

PHP는 JSON 인코딩 및 디코딩을 위해 각각 `json_encode`와 `json_decode`의 두 가지 함수를 제공한다.

`json_encode`에 기본형^{primitive type} 또는 사용자 정의 클래스를 전달하면, 다음 예제와 같이 객체를 나타내는 JSON 문자열을 반환한다.

```
$result = array(
"call" =>"KF6GPE",
"type" =>"l",
```

```
"time" =>"1399371514",
"lasttime" =>"1418597513",
"lat" =>37.17667,
"lng" =>-122.14650,
"result" =>"ok");
$json = json_encode($result);
```

이 코드는 연관 배열의 JSON 표현을 포함하는 `$json` 문자열을 생성한다.

`json_encode` 함수는 인코더의 인수를 지정할 수 있는 옵션인 두 번째 인수를 받는다. 이 인수는 플래그^{flag}여서 바이너리나 | 연산자로 조합할 수 있다. 다음과 같은 플래그의 조합을 전달할 수 있다.

▶ `JSON_FORCE_OBJECT`: 이 플래그는 인코더가 JSON을 객체로 인코딩하도록 강제한다.

▶ `JSON_NUMERIC_CHECK`: 이 플래그는 수신된 구조체에서 각 문자열의 내용을 검사하여 숫자를 포함하는 경우, 인코딩하기 전에 문자열을 숫자로 변환한다.

▶ `JSON_PRETTY_PRINT`: 이 플래그는 사람이 읽기 쉽게 JSON을 만든다(JSON을 크게 만들기 때문에 상용 제품에서는 사용하지 않는 것이 좋다).

▶ `JSON_UNESCAPED_SLASHES`: 이 플래그는 인코더가 슬래시 문자를 escape 처리하지 않도록 지시한다.

마지막으로, 인코더가 전달받은 값을 인코딩할 때 얼마나 깊이 탐색할지 지정하는 세 번째 인수를 전달할 수 있다.

`json_encode`의 반대는 `json_decode`로 몇 가지 옵션과 JSON을 받아 디코딩한다. 간단한 사용 예는 다음과 같다.

```
$json = '{ "call":"KF6GPE","type":"l","time":
"1399371514","lasttime":"1418597513","lat": 37.17667,"lng":
-122.14650,"result" : "ok" }';
$result = json_decode($json);
```

`json_decode` 함수는 세 개의 인수를 옵션으로 받는다.

▶ 첫 번째 인수가 `true`면, 결과가 `stdClass` 유형의 객체 대신 연관 배열로 반환되도록 지정한다.

- ▶ 두 번째 인수는 파서가 JSON을 얼마나 깊이 파싱할지 결정하는 옵션인 재귀 깊이^{recursion depth}를 지정한다.

- ▶ 세 번째 인수는 옵션인 `JSON_BIGINT_AS_STRING`으로, 문자열로 반환돼야 하는 정수 값이 정수를 벗어났을 때, 이를 부동 소수점 숫자로 캐스팅되지 않도록(정밀 도를 잃을 수 있음) 지시한다.

이들 함수는 성공 시 `true`를 반환하고 오류 시 `false`를 반환한다. `json_last_error`의 반환 값을 검사하면 JSON을 사용할 때 마지막 오류 원인을 판단할 수 있다.

루비에서 JSON 읽고 쓰기

루비^{Ruby}는 JSON 처리를 위한 `json` 젬^{gem}을 제공한다. 루비의 이전 버전에서는 이 젬을 직접 설치해야 한다. 루비 1.9.2부터 기본 설치의 일부로 제공되기 시작했다.

준비

루비 1.9.2 이전 버전을 사용하는 경우, 먼저 다음 명령을 사용해 젬을 설치한다.

gem install json

루비는 C로 구현돼 있다. 따라서 루비 설치를 위해 C 컴파일러가 필요할 수 있다. 시스템에 설치돼 있지 않은 경우, 다음 명령을 사용해 루비의 구현을 설치할 수 있다.

gem install json_pure

젬의 설치 필요 여부에 관계없이, 코드에 포함해야 한다. 이를 위해 설치한 젬에 따라 rubygems과 json 또는 **json/pure**를 포함해야 한다. 다음과 같이 require를 사용해 이 작업을 수행한다.

```
require 'rubygems'
require 'json'
```

앞의 코드는 전자의 경우를 처리하고, 다음 코드는 후자의 경우를 처리한다.

```
require 'rubygems'
require 'json/pure'
```

젬은 parse와 generate 메서드를 포함하는 JSON 객체를 정의한다. 이들 메서드는 각각 JSON을 직렬화 및 역직렬화한다. 이들 메서드와 객체를 사용하면 원하는 작업을 할 수 있다. 객체나 JSON을 생성하고, 알맞은 함수를 호출한 다음 결과를 확인한다. 예를 들어, 다음과 같이 JSON.generate를 사용하면 JSON을 생성할 수 있다.

```
require 'rubygems'
require 'json'
object = {
"call" =>"KF6GPE",
"type" =>"l",
"time" =>"1399371514",
"lasttime" =>"1418597513",
"lat" => 37.17667,
"lng" => -122.14650,
"result" =>"ok"
}
json = JSON.generate(object)
```

이것은 필요한 모듈과 하나의 필드로 연관 배열을 생성한 다음, JSON으로 직렬화하는 것을 포함한다.

역직렬화도 동일한 방법으로 동작한다.

```
require 'rubygems'
require 'json'
json = '{ "call":"KF6GPE","type":"l","time":
"1399371514","lasttime":"1418597513","lat": 37.17667,"lng":
-122.14650,"result" : "ok" }'
object = JSON.parse(object)
```

parse 함수는 두 번째 인수로 해시와 파서에 옵션을 지시하는 키를 받을 수 있다. 키는 다음과 같다.

▶ max_nesting는 파싱된 데이터 구조체에서 허용되는 중첩의 최대 깊이를 나타낸다. 19가 디폴트 값이며, :max_nesting => false를 전달해 중첩 깊이를 비활성

화할 수 있다.

▶ `allow_nan`가 `true`로 설정되면, RFC4627에 반해 NaN이나 무한대, 마이너스 무한대로 파싱되는 것을 허용한다.

▶ `symbolize_names`가 `true`면, 속성 이름의 기호를 JSON 객체로 반환한다. 그렇지 않으면 문자열(문자열이 디폴트 값이다)로 반환된다.

참고 사항

JSON 루비 젬의 문서는 http://flori.github.io/json/doc/index.html에서 찾아볼 수 있다.

3

간단한 AJAX 애플리케이션에서 JSON 사용하기

3장에서는 필요에 따라 웹 페이지를 동적으로 로딩해 더 나은 응답성을 제공하는 AJAX^Asynchronous JavaScript and XML (비동기 자바스크립트와 XML) 애플리케이션에서의 JSON 역할에 대해 살펴본다.

3장에서 다루는 내용은 다음과 같다.

- ▶ XMLHttpRequest 객체 생성
- ▶ 데이터를 비동기적으로 요청하기
- ▶ 웹 서버에 JSON 전송하기
- ▶ Node.js를 사용해 JSON 받기
- ▶ 비동기 요청의 진행 상태 구하기
- ▶ 반환된 JSON 파싱하기
- ▶ Node.js를 사용한 웹 서비스 요청 발행하기

소개

AJAX는 클라이언트 측에서 비동기 웹 애플리케이션을 작성하는 데 사용되는 일련의 웹 개발 기술의 집합이다. 기본 콘텐츠가 로드되면, 웹 페이지의 콘텐츠를 다른 서버로부터 가져올 수 있다. AJAX의 "X"는 XML을 의미하지만, 오늘날의 AJAX 애플리케

이션은 일반적으로 클라이언트와 서버 사이의 데이터 캡슐화에 JSON을 사용한다.

AJAX의 기반 기술은 꽤 오래돼서, 마이크로소프트가 1998년 도입한 인터넷 익스플로러의 액티브X 컴포넌트로 거슬러 올라간다.

하지만 제시 개럿$^{Jesse\ Garrett}$이 '웹 애플리케이션에 대한 새로운 접근'이라는 기사를 작성한 2005년에서야 이 기술은 폭넓은 인기를 얻게 됐다. 2006년 4월, 월드 와이드 웹 컨소시엄^{W3C}은 오늘날 현대 브라우저를 강력하게 만들어준 AJAX 애플리케이션의 기반이 된 XMLHttpRequest 객체에 대한 표준 초안을 발표했다.

3장에서는 아마추어 라디오 커뮤니티에서 인기 있는 웹사이트인 http://www.aprs.fi/에 캐시돼 있는 **자동화된 패킷 보고 시스템**$^{APRS,\ Automated\ Packet\ Reporting\ System}$ 네트워크에 등록된 아마추어 라디오 방송국의 위도와 경도를 반환하는 간단한 AJAX 애플리케이션을 작성한다. HTML과 자바스크립트를 사용해 구글 크롬과 인터넷 익스플로러에서 동작하는 클라이언트 측 애플리케이션을 작성하고, Node.js를 사용해 서버 측 애플리케이션을 작성한다.

 3장을 시작하기 전, 먼저 2장의 'Node.js로 JSON 읽고 쓰기' 절에서 지시하고 있는 대로 Node.js가 잘 설치됐는지 확인하자. 또한 Node.js에서 필요로 하는 모듈도 설치해야 한다. 이 작업은 Node.js를 설치한 후 명령 프롬프트에서 npm install request를 실행하면 된다.

서버 설정

먼저 베어 본$^{bare-bones}$ 서버로 시작한다. 노드 애플리케이션용 디렉토리를 생성하고 다음과 같이 json-encoder.js에 저장한다.

```
var http = require('http');
var fs = require('fs');
var url = require('url');

http.createServer(function(req, res) {
if (req.method == 'POST') {
  console.log('POST');
```

```
  var body = '';
  req.on('data', function(data) {
    body += data;
  });
  req.on('end', function() {
    res.writeHead(200,
      {'Content-Type': 'application/json'});
    res.end("null");
    });
  }
  elseif (req.method == 'GET')
  {
    console.log('GET');
    var urlParts = url.parse(req.url);
    if (urlParts.pathname == "/favicon.ico")
    {
      res.end("");
      return;
    }

    res.writeHead(200, {'Content-Type': 'text/plain'});

    var html = fs.readFileSync('./public' + urlParts.pathname);
    res.writeHead(200, {'Content-Type': 'text/html'});
    res.end(html);
    return;
  }
}).listen(1337, 'localhost');
console.log('Server running at http://127.0.0.1:1337');
```

이 코드는 POST 요청과 GET 요청의 두 가지 HTTP 요청을 처리한다. 먼저 http와 filesystem, url 객체를 할당하고 HTTP 서버를 로컬호스트의 1337 포트에 등록한다. 이 서버는 request 타입에 따라 동작을 전환한다. POST 요청의 경우, 수신된 콘텐츠를 무시하고 빈 JSON 본문을 반환한다. GET 요청의 경우, 현재 동작 디렉토리 아래의 public 서브 디렉토리에서 URL로 지시된 파일을 로드하고, 이를 클라이언트에 HTML 문서로 반환한다. 파비콘favicon을 요청하는 경우, 이 요청은 무시한다.

다소 어설프긴 하지만 우리의 목적은 충분히 만족한다. Node.js를 자세히 배우는 데 관심이 있다면, 다음과 같이 서버를 확장하고 싶을 것이다.

▶ 반환할 문서의 MIME 타입을 정확하게 결정하고, 문서의 MIME 타입에 따라 적절한 Content-Type 헤더를 보낸다.

▶ 주어진 문서가 발견되지 않는 경우, 예외를 발생시키고 서버를 중단시키는 대신 '404 Page not found' 오류를 보낸다.

이 장에서 서버 측 자바스크립트를 확장할 것이다.

클라이언트 페이지 설정

json-encoder.js 내부에 public 이름으로 하위 디렉토리를 만든다. 이 디렉토리에 다음과 같은 HTML 파일을 만들고 json-example.html로 저장한다.

```
<!DOCTYPE html>
<html>
<head>

</head>
<body onload="doAjax()">
<p>Hello world</p>
<p>
<div id="debug"></div>
</p>
<p>
<div id="json"></div>
</p>
<p>
<div id="result"></div>
</p>

<p>Powered by <a href="http://www.aprs.fi">aprs.fi</a></p>

<script type="text/javascript">
var debug = document.getElementById('debug');
```

```
function doAjax() {
  document.getElementById("result").innerHTML =
      "loaded... executing.";
}
</script>
</body>
</html>
```

예제는 세 개의 div 태그로 구성된 간단한 HTML 문서다. 이 div 태그는 비동기 요청에 의한 데이터로 채워진다. 각각의 div는 디버그 메시지를 보여주는 debug와 원본 JSON을 보여주는 json, 그리고 JSON을 파싱해서 얻어지는 자바스크립트 객체의 데이터를 보여주는 result로 구성된다. 페이지의 하단에 body 태그의 onload 속성으로 브라우저가 모든 HTML을 로딩한 후 doAjax 스크립트를 호출한다.

크롬의 개발자 도구를 활성화한 상태에서 웹 페이지를 로딩하면, 다음과 같은 화면을 볼 수 있다.

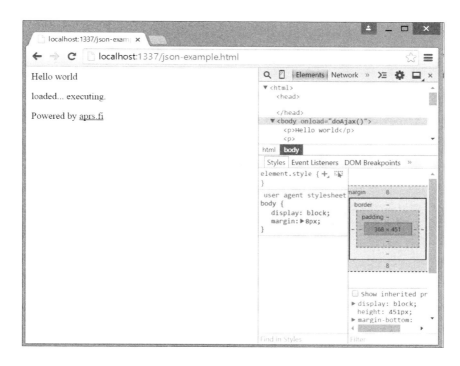

이제 이 HTML을 확장해보자.

XMLHttpRequest 객체 생성

최신 웹 브라우저는 모두 비동기 호출로 HTTP로 콘텐츠를 얻을 수 있는 XMLHttpRequest 클래스를 제공한다. 클라이언트 측 자바스크립트에서 new 연산자를 사용해 하나 이상의 XMLHttpRequest 클래스를 생성할 수 있다.

예제 수행

다음 코드와 같이 페이지가 로드된 후 바로 자바스크립트에서 이 클래스의 인스턴스를 생성한다.

```
function doAjax() {
var xmlhttp;

if (window.XMLHttpRequest)
  {
    // IE7 이상과 파이어폭스, 크롬, 오페라, 사파리 브라우저를 위한 코드
    xmlhttp=new XMLHttpRequest();
  }
}
```

예제 분석

앞의 코드는 XMLHttpRequest 클래스의 루트 수준의 자바스크립트 window 객체를 테스트하고, 브라우저가 클래스를 정의하는 경우, 비동기 요청을 만들 때 사용하는 클래스의 인스턴스를 생성한다.

아주 오래된 인터넷 익스플로러 버전으로 작업한다면 Microsoft.XMLHTTP 액티브X
객체가 필요하다. 이 경우, window.XMLHttpRequest에 대한 테스트는 실패할 것이다.

데이터를 비동기적으로 요청하기

데이터 요청을 위해 생성한 XMLHttpRequest 클래스의 인스턴스를 사용한다. 모든
HTTP 메서드로 데이터를 요청할 수 있지만, 일반적으로 GET이나 POST를 사용한다.
GET은 인수를 전달할 필요가 없거나 인수가 서비스 URL에 인코딩돼 있는 경우 사용
하면 좋다. POST는 인수로 JSON을 서버에 게시할 때 사용한다.

예제 수행

클라이언트 페이지의 doAjax 스크립트 함수를 계속 확장해보자. 앞의 예제를 수정해
비동기 요청을 발행하는 방법은 다음과 같다.

```
function doAjax() {
  var xmlhttp;
  if (window.XMLHttpRequest)
  {
    // IE7 이상과 파이어폭스, 크롬, 오페라, 사파리 브라우저를 위한 코드
    xmlhttp=newXMLHttpRequest();

    xmlhttp.open("POST","/", true);
    xmlhttp.send("");
  }
}
```

XMLHttpRequest 클래스는 요청을 만들 때 사용할 수 있는 open과 send 두 개의 메서드를 제공한다. open 메서드를 사용해 요청을 발행하는 프로세스를 시작하고, send 메서드를 사용해 서버에서 처리할 데이터를 전송(예를 들면, POST 요청과 함께)한다.

open 메서드는 HTTP 메서드와 URL(스크립트를 포함하는 페이지에 상대적인), 그리고 요청이 동기적(false 값으로 표시)인지 비동기적(true 값으로 표시)인지를 나타내는 불 값^{Boolean}의 세 개의 인수를 받는다. 이번 예제에서는 웹 서버의 루트에 POST 요청을 보내고 브라우저가 요청을 비동기적으로 처리하도록 요청한다. 따라서 페이지가 렌더링되는 동안에도 사용자는 페이지와 상호작용할 수 있다.

send 메서드는 서버에 보낼 데이터가 포함된 문자열을 하나의 인수로 받는다. 이번 예제에서는 아무것도 전송하지 않지만, JSON을 전송하는 데 이 메서드를 사용한다.

참고 사항

이 예제는 실제로 자바스크립트 객체를 생성하고, 텍스트 표현으로 변환해 이를 send 메서드로 보내는 다음 예제인 '웹 서버에 JSON 전송하기'와 밀접하게 관련돼 있다.

웹 서버에 JSON 전송하기

어떤 AJAX 요청은 단지 URL에서 데이터를 얻기만 하면 된다. 서버가 모든 클라이언트에 대한 객체를 갱신하거나, 객체의 URL로 고유하게 객체를 식별할 수 있는 경우(일반적으로 REST$^{Representational\ State\ Transfer}$를 사용해 서비스를 디자인할 때)가 이에 해당한다. 그 외 복잡한 쿼리를 서버에서 처리할 때와 같은 경우에는 자바스크립트 데이터를 서버로 전달한다. 이를 위해서 자바스크립트 객체를 생성하고, 텍스트 표현으로 변환한 후, XMLHttpRequest 객체의 send 메서드를 사용해 JSON을 포함하는 문자열을 전달한다.

여기서 XMLHttpRequest 객체를 생성하는 코드는 생략한다. 다음과 같은 코드를 사용해 서버에 JSON을 전송한다.

```
function doAjax() {
    // … 앞의 코드와 동일하게 XMLHTTPObject 생성

    var request = {
    call: "kf6gpe-7"
    };

xmlhttp.open("POST","/", true);
xmlhttp.setRequestHeader("Content-Type","application/json");
xmlhttp.send(JSON.stringify(request));
}
```

예제에서는 HTTP POST 요청을 사용해 HTTP 객체의 본문으로 JSON 문서를 전송하고 있다.

이 코드는 call이라는 하나의 필드를 가지는 자바스크립트 객체 요청을 생성한다. 이 call 필드의 값으로 찾고자 하는 방송국을 설정하면, 서버는 이 값을 이용해 상기 요청을 처리한다.

서버에 데이터를 전달할 때 Content-Type 헤더를 사용해 서버에 전달할 데이터의 타입을 정확하게 지시해야 한다. JSON의 MIME 타입은 application/json이다. 하지만 일부 웹 애플리케이션 개발자는 text/x-json이나 text/x-javascript, text/javascript, application/x-javascript 같은 다른 타입을 사용하기도 한다. 다른 타당한 이유가 없으면 application/json을 사용하는 것이 좋다(여러분이 수정할 수 없는 레거시 코드를 고려한다면). setRequestHeader 메서드로 요청 헤더를 설정해 콘텐츠 타입을 지정한다. 이 메서드는 설정할 헤더의 이름과 값의 두 개의 인수를 받는다. 헤더 이름은 대소문자를 구분한다.

요청 헤더를 설정하면, 마지막으로 send를 호출하고 텍스트 표현으로 변환한 자바스크립트 객체를 전달한다. 이번 예제에서 이 작업은 마지막 줄에서 수행된다.

Node.js를 사용해 JSON 받기

여러 웹 서버 시스템은 다양한 방법으로 클라이언트가 보낸 데이터를 받는다. 하지만 많은 경우 클라이언트에서 전송되는 데이터를 읽다가 POST 요청이 완료되면, 일괄적으로 처리한다. Node.js에서 처리하는 방법은 다음과 같다.

예제 수행

예제에서 HTTP POST 요청을 통해 클라이언트로부터 JSON을 받는다. 이를 수행하려면 클라이언트에서 데이터를 읽고, 문자열로 취합해 모든 데이터가 도착하면 JSON 문자열을 자바스크립트 객체로 변환해야 한다. json-encoder.js을 다음과 같이 수정한다.

```
// … 스크립트의 시작은 '소개' 섹션의 코드와 같음
  if (req.method == 'POST') {
    console.log('POST');
    var body = '';
    req.on('data', function(data) {
      body += data;
    });
    req.on('end', function() {
    var json = JSON.parse(body);
    json.result = 'OK';
    res.writeHead(200,
      {'Content-Type': 'application/json'});

    res.end(JSON.stringify(json));
  });
}
// GET에 대한 스크립트 코드가 계속됨
```

앞의 코드는 3장의 '소개' 절에서 살펴본 서버 측 Node.js 스크립트를 확장한다. 코드는 POST 요청 메서드인지 판단하는 것으로 시작한다. POST 요청인 경우, 요청의 본문을 담을 빈 문자열 body를 생성한다. Node.js는 이벤트 중심 모델로, POST 요청에서 데이터를 읽기 위해 'data' 이벤트 핸들러를 요청에 추가한다. 이 이벤트 핸들러는 새로 읽은 데이터를 변수 body 변수로 참조되는 값에 추가한다.

어떤 시점에서, POST 요청이 끝나면 'end' 이벤트를 발생시킨다. 이 이벤트에 대한 이벤트 핸들러를 등록한다. 이벤트 핸들러는 JSON.parse를 사용해 수신한 JSON을 파싱한다. 그런 다음, 결과 객체의 추가 필드인 result를 'OK' 값으로 설정한다. 마지막으로 writeHead와 end 메서드를 사용해 Content-Type 헤더와 JSON을 나타내는 객체를 작성한다.

참고 사항

'소개' 절에서 제안한 것처럼, 서버에서 전송된 데이터를 어떻게 읽을 것인지는 서버 환경과 서버 측 스크립트 언어에 의존한다. 이전에 이런 작업을 수행한 적이 없다면, 빙Bing이나 구글 같은 검색 엔진에서 이에 대해 먼저 검색해보기 바란다. 그런 다음, 결과 문자열 데이터를 2장의 예제를 통해 서버 측 스크립트 언어에서 객체로 변환할 준비를 한다.

비동기 요청의 진행 상태 구하기

예제의 요청은 간단한 편이지만, 모든 애플리케이션에서 항상 똑같지는 않다. 또한 모바일 기기는 네트워크 범위 밖으로 이동하거나 일시적인 네트워크 장애를 겪을 수 있기 때문에, 진행 상태는 모바일 웹 애플리케이션에서 특히 중요하다. 강건한 애플리케이션은 진행 상태와 오류를 확인하고 중요한 요청의 경우, 이를 다시 시도해야 한다.

`XMLHttpRequest` 객체는 대기 중인 요청의 진행 상태에 대해 통지하는 이벤트를 제공한다. 이들 이벤트는 다음과 같다.

- ▶ `load`: 연결을 열면 이 이벤트가 즉시 실행된다.
- ▶ `loadstart`: 로드가 처음 시작되면 이 이벤트가 실행된다.
- ▶ `progress`: 로드가 발생하면 이 이벤트가 주기적으로 실행된다.
- ▶ `error`: 네트워크 오류가 발생할 경우 실행된다.
- ▶ `abort`: 네트워크 트랜잭션이 중단되는 경우 실행된다(사용자가 요청을 시작한 페이지에서 벗어난 경우 등).

예제 수행

이러한 이벤트 각각에 대해, 이벤트를 처리하는 함수를 등록하고자 한다. 예를 들어, `error` 핸들러는 오류 발생 시 이를 사용자에게 통지하고, `abort` 핸들러는 중단된 요청에 대해 남아있는 모든 클라이언트 측 데이터를 정리해야 한다.

다음 예제는 이벤트 각각에 대해 디버깅 정보를 보고하는 방법을 보여준다. 다음을 예제 HTML의 하단에 있는 `<script>` 태그에 추가한다.

```
// HTML의 스크립트에 다음 함수를 추가…
function progress(evt){
  debug.innerHTML += "'progress' called...<...<br/>";/>";
}

function abort(evt){
  debug.innerHTML += "'abort' called...<br />";
}

function error(evt){
  debug.innerHTML += "'error' called...<br />";
}

function load(evt){
  debug.innerHTML += "'load' called...<br />";
}
```

```
function loadstart(evt){
  debug.innerHTML += "'loadstart' called<br />;
}

function doAjax() {
  // xmlhttp 객체 생성
  var request = {
    call: "kf6gpe-7"
  };

  xmlhttp.addEventListener("loadstart", loadstart, false);
  xmlhttp.addEventListener("progress", progress, false);
  xmlhttp.addEventListener("load", load, false);
  xmlhttp.addEventListener("abort", abort, false);
  xmlhttp.addEventListener("error", error, false);

  // 일반적인 방법으로 요청을 발행...
}
```

예제 분석

XMLHttpRequest 객체는 특정 이벤트가 발생할 때 객체가 호출할 함수를 등록할 수 있는 addEventListener 메서드를 제공한다. 이 메서드에 이벤트의 이름과 이벤트에서 호출할 함수(또는 클로저), 그리고 등록된 함수가 이벤트를 캡처할지 여부(일반적으로는 캡처하지 않음)를 전달한다. 앞의 예제에서 이벤트를 처리하는 함수를 전달해 각이벤트의 메서드를 호출한다. 각각의 함수는 단지 HTML 콘텐츠의 debug div에서 이벤트가 수신됐는지를 기록한다.

부연 설명

XMLHttpResult 객체는 요청이 실행될 때 주기적으로 호출되는 함수를 지정할 수 있는 속성인 onreadystatechange를 정의하고 있다. 다음 예제인 '반환된 JSON 파싱하기'에서 요청의 상태를 모니터링하는 데 이를 어떻게 사용하는지 설명한다.

이런 이벤트의 동작은 브라우저별로 다르고, 심지어 브라우저 버전마다 다르다. 예를 들어, 마이크로소프트 인터넷 익스플로러 구버전(버전 9 이전)은 이들 이벤트를 전혀 지원하지 않는다. 웹 애플리케이션이 다양한 브라우저와 다양한 버전에서 동작하는 경우, 이들 이벤트를 처리할 때 최소공통분모 접근 방식을 취해야 한다.

참고 사항

이벤트 각각에 대한 지원이 브라우저 종류와 버전에 따라 다르기 때문에, 제이쿼리 jQuery나 앵귤러JS^{AngularJS} 같은 자바스크립트 프레임워크를 사용하는 것이 큰 도움이 된다. 이들 프레임워크는 브라우저 벤더 간 차이를 제거해준다. 4장에서는 AJAX에서 이런 프레임워크를 사용하는 방법에 대해 배운다.

브라우저에 독립적으로 이들 이벤트에 응답하는 방법은 4장의 '제이쿼리를 사용한 비동기 요청의 진행 상태 구하기'와 '앵귤러JS를 사용한 비동기 요청의 진행 상태 구하기' 절을 참조한다.

반환된 JSON 파싱하기

서버가 결과를 반환하면, XMLHttpRequest 객체에서 그 결과를 얻어, 문자열에서 결과를 자바스크립트 객체로 변환할 방법이 필요하다.

예제 수행

XMLHttpRequest 객체는 요청의 수명 동안 주기적으로 호출되는 함수를 지정하는 onreadystatechange 속성을 정의한다. 요청이 완료됐는지 모니터링하는 함수를 포함한 전체 doAjax 함수는 다음과 같다.

```
function doAjax() {
  var xmlhttp;
  xmlhttp = new XMLHttpRequest();

  var request = {
```

```
    call: "kf6gpe-7"
  };


  xmlhttp.addEventListener("loadstart", loadstart, false);
  xmlhttp.addEventListener("progress", progress, false);
  xmlhttp.addEventListener("load", load, false);
  xmlhttp.addEventListener("abort", abort, false);
  xmlhttp.addEventListener("error", error, false);

  xmlhttp.onreadystatechange = function() {
    if (xmlhttp.readyState == 4 &&xmlhttp.status == 200)
    {
      var result = JSON.parse(xmlhttp.responseText);
      document.getElementById("json").innerHTML =
        xmlhttp.responseText;
      document.getElementById("result").innerHTML = result.call + ":"
+ result.lat + ", " + result.lng;
    }
  };

xmlhttp.open("POST","/", true);
xmlhttp.setRequestHeader("Content-type","application/json");
xmlhttp.send(JSON.stringify(request));
}
```

예제 분석

다양한 이벤트 리스너를 추가한 후, onreadystatechange 속성에 함수를 할당한다. 이 함수는 요청 객체의 상태가 변화할 때 호출된다. 각각의 호출에서 요청 객체의 readyState 필드와 상태를 테스트한다. readyState 필드는 요청의 상태를 나타내며, 요청이 완료됐음을 나타내는 상태 4가 주요 관심 대상이다. 요청이 완료되면, 요청의 status 필드에서 HTTP 요청의 상태를 확인할 수 있다. HTTP 상태 코드 200은 서버에서 콘텐츠를 성공적으로 읽었음을 나타낸다.

readyState가 4고 HTTP status가 200이면, 새로운 변수 result를 서버에서 반환된

JSON(요청의 `responseText` 필드에서 구할 수 있다)을 파싱해 객체로 정의한다. 결과 객체로 필요한 모든 작업을 할 수 있다. JSON을 `jsondiv`로 복사했기 때문에 `resultdiv`의 콘텐츠를 생성할 때, JSON과 자바스크립트 객체의 일부 필드를 읽을 수 있다.

부연 설명

`XMLHttpRequest` 클래스는 다음의 readyStatus를 정의하고 있다.

- 0은 요청이 시작되지 않았음을 나타낸다.
- 1은 요청이 설정됐음을 나타낸다.
- 2는 요청이 전송됐음을 나타낸다.
- 3은 요청이 진행 중임을 나타낸다.
- 4는 요청이 완료됐음을 나타낸다.

실전에서는 일반적으로 마지막 값만 사용하고 나머지 값은 진행 상태 보고를 위한 이벤트에 사용한다.

HTTP 결과 코드는 RFC[Request for comment] 2616에 정의돼 있다. 여러분이 관심을 가질 만한 섹션은 http://www.w3.org/Protocols/rfc2616/rfc2616-sec10.html이다. 200 계열의 결과 코드는 성공을 나타낸다. 다른 결과 코드를 어떻게 처리할지는 웹 애플리케이션의 로직에 달려있다.

최종 Node.js 서버는 다음과 같다.

```
var http = require('http');
var fs = require('fs');
var url = require('url');
var request = require("request");

console.log("Starting");

http.createServer(function(req, res) {
  if (req.method == 'POST') {
    console.log('POST');
    var body = '';
    req.on('data', function(data) {
```

```
        body += data;
      });
    req.on('end', function() {
      var json = JSON.parse(body);
      var apiKey = "<<key>>";
      var serviceUrl = "http://api.aprs.fi/api/get?name=" +
      json.call + "&what=loc&apikey=" + apiKey + "&format=json";
      request(serviceUrl, function(error, response, body) {
        var bodyObject = JSON.parse(body);
        if (bodyObject.entries.length>0)
        {
          json.call = bodyObject.entries[0].name;
          json.lat = bodyObject.entries[0].lat;
          json.lng = bodyObject.entries[0].lng;
          json.result = "OK";
        }
        else
        {
          json.result = "ERROR";
        }
        res.writeHead(200, {'Content-Type': 'application/json'});
        res.end(JSON.stringify(json));
      });
    });
}
elseif (req.method == 'GET')
{
  console.log('GET');
  var urlParts = url.parse(req.url);
  if (urlParts.pathname == "/favicon.ico")
  {
    res.end("");
    return;
  }
  res.writeHead(200, {'Content-Type': 'text/plain'});
  var html = fs.readFileSync('./public' + urlParts.pathname);
  res.writeHead(200, {'Content-Type': 'text/html'});
```

```
      res.end(html);
      return;
   }
}).listen(1337, 'localhost');
console.log('Server running at http://localhost:1337');
```

Node.js를 사용한 웹 서비스 요청 발행하기

지금까지 우리가 작성한 서버는 POST 요청에 응답하기 위해 많은 작업을 수행하지 않는다. 그저 "OK"와 함께 클라이언트가 전송한 JSON을 그대로 다시 반환한다. 하지만 일반적으로 서버는 수신한 JSON으로 웹 또는 데이터베이스 쿼리를 만들거나 계산을 수행하는 등의 작업을 한다. 예제는 http://www.aprs.fi/의 웹 서비스 JSON 엔드 포인트를 쿼리해 Node.js로 서버 간 웹 서비스를 요청하는 방법을 보여준다.

준비

예제를 직접 실행하려면, 먼저 http://www.aprs.fi로 이동해 계정을 등록하고 API 키를 얻어야 한다. 페이지의 링크를 따라 이 작업을 수행하고, 예제의 "-key-"를 API 키로 대체한다.

예제 수행

Node.js 코드는 관심을 가지고 있는 방송국의 식별자와 위에서 획득한 API 키를 사용해 URL을 구성하고, 클라이언트를 대신해 추가 HTTP 요청을 발행한다. 예제 코드는 다음과 같다.

```
var request = require('server');

///...

if (req.method == 'POST') {
  console.log('POST');
  var body = '';
```

```
  req.on('data', function(data) {
    body += data;
  });
  req.on('end', function() {
    var json = JSON.parse(body);
      var apiKey = "―key-";
      var serviceUrl = "http://api.aprs.fi/api/get?name=" +
                       json.call +
                       "&what=loc&apikey=" + apiKey +
                       "&format=json";

      request(serviceUrl, function(error, response, body) {
        var bodyObject = JSON.parse(body);
        if (bodyObject.entries.length>0)
        {
          json.call = bodyObject.entries[0].name;
          json.lat = bodyObject.entries[0].lat;
          json.lng = bodyObject.entries[0].lng;
          json.result = "OK";
        }
        else
        {
          json.result = "ERROR";
        }
        res.writeHead(200,
          {'Content-Type': 'application/json'});

        res.end(JSON.stringify(json));
      });
    });
  }
  elseif (req.method == 'GET')
  {
    // …원 GET 처리 코드…
  }
}).listen(1337, 'localhost');
console.log('Server running at http://127.0.0.1:1337');
```

클라이언트 JSON을 자바스크립트 객체로 변환한 후, 코드는 요청한 방송국 식별자와 API 키, 그리고 결과 JSON으로 구성된, 웹 요청에 대한 URL을 생성한다. 그런 다음 `request` 메서드를 사용해 해당 URL로 간단한 GET 요청을 발행하고, 요청이 성공하면 Node.js가 호출하는 함수를 전달한다.

Node.js는 오류의 지시자와 HTTP 응답의 세부사항을 포함하는 필드와 응답 객체, 그리고 요청에 반환되는 본문으로 콜백 함수를 호출한다. 예제에서는 간결하게 하기 위해 성공이라고 가정하고 `JSON.parse`를 사용해 JSON의 결과를 자바스크립트 객체로 변환한다. 결과 객체는 1장의 '소개' 절에서 본 것과 유사한 자바스크립트 객체다. 이것은 각 방송국의 위치(레코드의 `lat`와 `lng` 필드)를 가리키는 레코드를 0개 이상 가지는 배열을 가진다. 첫 번째 반환된 결과를 추출하고 관련 데이터를 원 클라이언트로 반환할 자바스크립트 객체로 복사한다.

대부분의 서버 측 프레임워크는 요청을 발행할 때, 헤더와 HTTP 메서드를 포함, 웹 서비스 요청의 의미를 변경할 수 있는 다양한 방법을 제공한다. Node.js의 request 모듈 역시 이와 크게 다르지 않다.

먼저 요청 메서드는 요청을 지정하는 여러 필드를 포함한 URL 대신, 자바스크립트 객체를 취할 수 있다. 객체를 전달할 때는, 요청할 URL을 URI 또는 URL 속성에 넣어야 한다. 또한 다음도 지정할 수 있다.

▶ 사용할 HTTP 메서드. method 파라미터로 전달

▶ 전송할 HTTP 헤더. attribute 헤더에 각 헤더의 속성-값 쌍으로 자바스크립트 객체로 전달

▶ PATCH, POST, PUT 메서드 요청에 대해 클라이언트에 전달할 본문. body 속성으로 전달

▶ 대기 시간을 밀리 초 단위로 지시. timeout 속성으로 전달

▶ 응답을 gzip으로 압축할지 여부. gzip 속성을 true로 설정해 지시

이외 다른 옵션도 사용 가능하다. 자세한 사항은 https://nodejs.org/api/index.html 에서 Node.js 문서를 확인한다.

참고 사항

Node.js request 모듈에 대한 문서는 https://github.com/request/request를 참조 한다.

4

제이쿼리와 앵귤러JS로 작성한 AJAX 애플리케이션에서 JSON 사용하기

4장에서는 필요한 경우에만 웹 페이지를 동적으로 로딩해 더 좋은 응답성을 제공하는 AJAX^{Asynchronous JavaScript and XML} 애플리케이션에서 JSON을 사용하는 방법을 살펴본다.

4장에서는 다루는 내용은 다음과 같다.

- ▶ 웹 페이지에 제이쿼리 종속성 추가하기
- ▶ 제이쿼리를 사용해 JSON 요청하기
- ▶ 제이쿼리를 사용해 웹 서버에 JSON 전송하기
- ▶ 제이쿼리를 사용해 요청의 진행 상황 알아내기
- ▶ 제이쿼리를 사용해 반환된 JSON 파싱하기
- ▶ 웹 페이지에 앵귤러JS 종속성 추가하기
- ▶ 앵귤러JS를 사용해 JSON 콘텐츠 요청하기
- ▶ 앵귤러JS를 사용해 웹 서버에 JSON 전송하기
- ▶ 앵귤러JS를 사용해 요청의 진행 상황 알아내기
- ▶ 앵귤러JS를 사용해 반환된 JSON 파싱하기

3장에서는 XMLHttpRequest를 사용해 어떻게 JSON을 교환하는 AJAX를 요청하는지 알아봤다. 실전에서 모든 브라우저에서 발생할 수 있는 다양한 경우를 처리하는 것은 상당히 성가시고 오류가 발생하기 쉬운 작업이다. 다행히 대부분의 클라이언트 측 자바스크립트 프레임워크는 이 객체를 래핑해 독립적인 작업을 할 수 있도록 브라우저 독립적인 방법을 제공한다. 이 인터페이스는 사용하기 너무 쉬워서 앵귤러JS의 경우, JSON을 사용해 객체를 이동할 때 특별한 작업이 전혀 필요하지 않다. 심지어 프레임워크는 JSON의 직렬화와 역직렬화도 처리한다.

앵귤러JS와 제이쿼리 모두 웹 애플리케이션 개발을 쉽게 해주는 클라이언트 측 자바스크립트 프레임워크다. 제이쿼리는 최초의 자바스크립트 프레임워크이자 아마도 가장 널리 사용되는 프레임워크일 것이다. 앵귤러JS는 새로운 프레임워크로 **모델-뷰-컨트롤러**^{MVC} 패러다임을 사용해 코드를 구성할 수 있는 추가적인 장점을 제공한다.

 MVC는 원래 1970년대에 스몰토크(Smalltalk)의 일부로 도입된 디자인패턴이다. 이 패턴은 코드를 모델(model)과 뷰(view), 컨트롤러(controller)의 세 부분으로 분할한다. 모델은 사용자가 조작하는 데이터를 포함하고 있으며, 뷰는 모델의 내용을 보여준다. 컨트롤러는 이벤트를 받아 처리하고 처리한 결과로 모델을 변경한다.

4장에서는 HTML뿐만 아니라 클라이언트 측 자바스크립트도 제공하도록 확장한 3장의 예제에서 기반으로 다룬 Node.js의 서버를 이용한다. 예제는 다음과 같다. 코드를 하나하나 살펴보자.

```
var http = require('http');
var fs = require('fs');
var url = require('url');
var request = require("request");
```

이 네 라인은 서버가 필요로 하는 인터페이스를 포함한다. 여기에는 HTTP 서버 모듈과 파일 시스템 모듈, URL 파싱 모듈, 그리고 HTTP 요청을 만드는 간단한 모듈이 포함된다.

다음으로 서버 시작을 기록하고 모든 요청을 하나의 함수 콜백에서 받아 처리하는 HTTP 서버를 만든다.

```
console.log("Starting");
http.createServer(function(req, res) {
```

서버는 POST 요청과 GET 요청의 두 종류의 요청을 처리한다. POST 요청 핸들러는 서버로 들어오는 데이터를 읽어 body 버퍼에 추가한다.

```
if (req.method == 'POST') {
  console.log('POST');
  var body = '';
  req.on('data', function(data) {
    body += data;
  });
```

HTTP POST가 완료되면 Node.js가 호출하는 콜백 함수를 등록한다. 이 함수는 JSON을 파싱하고 원격 서버에 GET 요청을 생성한다.

```
req.on('end', function() {
  var json = JSON.parse(body);

  var apiKey = " --- api key here --- ";
  var serviceUrl = "http://api.aprs.fi/api/get?name=" +
    json.call + "&what=loc&apikey=" + apiKey + "&format=json";
```

이 요청은 원격 서버로부터 수신한 JSON을 파싱하고 결과 entries 속성 배열의 첫 번째 엘리먼트를 찾아 웹 클라이언트로 반환할 JSON 객체를 만드는 자체 콜백을 가진다. 유효한 응답을 받지 못한 경우 오류 값을 설정해 클라이언트가 추가 작업을 할 수 있도록 한다. 자바스크립트 객체를 JSON으로 변환해 클라이언트로 이 값을 반환한다.

```
    request(serviceUrl, function(error, response, body) {
      var bodyObject = JSON.parse(body);
      if (bodyObject.entries.length>0)
      {
        json.call = bodyObject.entries[0].name;
        json.lat = bodyObject.entries[0].lat;
```

```
      json.lng = bodyObject.entries[0].lng;
      json.result = "OK";
    }
    else
    {
      json.result = "ERROR";
    }
    res.writeHead(200, {'Content-Type': 'application/json'});
    res.end(JSON.stringify(json));
  });
});
}
```

처리하는 요청이 POST가 아니라면 GET 요청일 것이다. 이전 장에서 새롭게 추가된 코드는 다음과 같다. 콘텐츠를 가져올 URL이 HTML 파일(확장자가 .html이나 .htm)을 지시하는지 자바스크립트 파일(확장자가 .js)을 지시하는지 결정해야 한다. 먼저 파비콘favicon을 요청하는 것인지 확인한다. 이 경우 예제에서는 그냥 비어있는 객체를 반환한다. 파비콘에 대한 요청이 아니라면, URL이 어떻게 끝나는지 확인해 적절한 Content-Type 헤더(text/html 또는 application/json)를 작성한다. 둘 다 아니라면, 일반 텍스트로 가정하고 Content-Type 헤더를 text/plain로 보낸다.

```
else if (req.method == 'GET')
{
  console.log('GET');
  var urlParts = url.parse(req.url);
  if (urlParts.pathname == "/favicon.ico")
  {
    res.end("");
    return;
  }

  if (urlParts.pathname.lastIndexOf(".html") ==
      urlParts.pathname.length - 5 ||
    urlParts.pathname.lastIndexOf(".htm") ==
      urlParts.pathname.length - 4)
  {
```

```
      res.writeHead(200, {'Content-Type': 'text/html'});
    }
    else if (urlParts.pathname.lastIndexOf(".js") ==
      urlParts.pathname.length - 3)
    {
      res.writeHead(200, {'Content-Type': 'application/json'});
    }
    else
    {
      res.writeHead(200, {'Content-Type': 'text/plain'});
    }
```

다음으로, Nodel.js 서버 소스 아래의 public 디렉토리에서 콘텐츠를 읽어 클라이언트로 반환한다.

```
    var c = fs.readFileSync('./public' + urlParts.pathname);
    res.end(c);
    return;
}
```

마지막으로 로컬호스트의 포트 1337을 리슨하고, 서버의 시작을 로그로 기록한다.

```
}).listen(1337, 'localhost');
console.log('Server running at http://localhost:1337');
```

 실제 서버는 URL을 보고 반환되는 데이터의 MIME 타입을 추측하는 것이 아니라 전송하는 데이터를 보고 MIME 타입을 결정해 사용한다. Node.js 모듈은 마법같이 이과정을 처리해준다. 파일 이름의 확장자를 사용해보자. 그러면 콘텐츠 제공자가 파일이름을 올바르게 명명해줄 것이다.

이것이 서버의 전부다. 이 예제 코드는 책과 함께 제공되는 ZIP 파일에서 찾을 수 있다.

웹 페이지에 제이쿼리 종속성 추가하기

제이쿼리는 브라우저에 관계없이 DOM^{Document Object Model, 문서 객체 모델}과 CSS^{Cascading Style} Sheet, 중첩 스타일 시트를 검색해 조작하고, AJAX 쿼리를 수행할 뿐만 아니라 CSS를 사용해 스타일을 줄 수 있는 몇 가지 HTML 컨트롤을 포함하는 인기 있는 클라이언트 측 프레임워크다. 콘텐츠 전송 네트워크^{CDN}에서 제이쿼리의 릴리즈 버전을 지정하거나, http://www.jquery.com에서 프레임워크의 복사본을 다운로드해 애플리케이션과 함께 제공하면 된다.

예제 수행

다음과 같이 새로운 json-example.html 파일을 시작하고 제이쿼리 라이브러리를 웹 페이지에 포함시킨다.

```
<!doctype HTML>
<html>
<head>
  <script type="text/javascript"
    src="/code.jquery.com/jquery-1.11.2.min.js"></script>
</head>
```

예제 분석

이 두 행은 애플리케이션에서 제이쿼리 클라이언트 라이브러리의 최소화된 버전을 포함하도록 지정하는 두 개의 스크립트를 포함한다. 이 버전은 실제 애플리케이션에서 사용하면 좋다. 최소화된 제이쿼리 구현은 풀 버전의 라이브러리보다 작아 클라이언트에서 빠르게 다운로드할 수 있다. 그리고 CDN에서 이 버전을 사용하면 아마존 웹 서비스나 마이크로소프트 애저^{Azure} 같은 메이저 클라우드 제공 업체처럼 여러 서버를 호스팅하지 않는 한, 여러분이 제공할 수 있는 어떤 방법보다 빠른 성능을 제공할 것이다.

부연 설명

최소화된 버전을 포함하고 싶지 않다면-개발 과정에 있어서 코드의 디버깅이 필요할 경우-여러분의 서버에서 표준 버전을 제공할 수 있다. http://www.jquery.com/에서 필요한 파일을 다운로드하고 서버에서 직접 파일을 제공하면 된다.

제이쿼리는 마이크로소프트 인터넷 익스플로러 6 이상의 버전을 포함한 구형 브라우저를 지원하는 버전 1.x와 최소한 마이크로소프트 인터넷 익스플로러 9 이상을 필요로 하는 버전 2.x의 두 가지 버전으로 제공된다. 이 책에서는 제이쿼리 1.x를 사용하지만, 제이쿼리 2.x에서도 동일한 API를 사용하므로 걱정할 필요는 없다.

참고 사항

http://www.jquery.com에서 제이쿼리를 다운로드하거나 제이쿼리에 대해 자세한 내용을 배울 수 있다. 자바스크립트 프레임워크를 찾고 있다면, http://learn.jquery.com/에서 제이쿼리 학습 센터를 살펴보거나, 팩트출판사에서 출간한 조나단 채퍼 Jonathan Chaffer와 칼 스웨드버그Karl Swedberg의 『Learning jQuery - Fourth Edition』 (2013)을 살펴보기 바란다.

제이쿼리를 사용해 JSON 요청하기

제이쿼리는 인터페이스로 할 수 있는 모든 메서드를 제공하는 변수 $를 정의한다. (같은 변수를 사용하는 다른 자바스크립트 환경에서 작업하는 경우 이 변수의 이름을 변경하는 방법이 있긴 하지만, 사용하지 않는 것이 좋다.) $가 제공하는 메서드 중에 AJAX 쿼리를 만드는 데 사용되는 ajax 메서드가 있다. 어떻게 사용하는지 살펴보자.

다음은 AJAX 요청을 만드는 전체 페이지를 보여준다. AJAX 코드는 굵은 서체로 표시돼 있다.

```
<!doctype HTML>
<html>
<head>
<script type="text/javascript"
  src="//code.jquery.com/jquery-1.11.2.min.js"></script>
</head>
<body>

<p>Hello world</p>
<p>
  <div id="debug"></div>
</p>
<p>
  <div id="json"></div>
</p>
<p>
  <div id="result"></div>
</p>

<p>Powered by <a href="http://www.aprs.fi">aprs.fi</a></p>

<script>
$(function () {
  $('#debug').html("loaded... executing.");

  var request = {
    call: "kf6gpe-7"
  };

  $.ajax({
    type: "POST",
    url: "/",
```

```
        dataType:"json" });
});

</script>
</body>
</html>
```

이 예제의 HTML은 간단하다. 제이쿼리 모듈을 포함하고, 요청이 완료될 때 업데이트하기 위해 AJAX를 요청하는 세 개의 div 영역을 정의한다. 자바스크립트 함수 doAjax를 자세히 살펴보자.

예제 분석

페이지 로드가 완료될 때 호출되는 doAjax 함수는 먼저 debug라는 div의 HTML 콘텐츠를 "loaded... executing."으로 설정한다. $() 구문은 DOM에서 항목을 찾는 제이쿼리 구문이다. CSS 셀렉터selector와 같이 찾고자 하는 항목의 ID 앞에 #(해시) 기호를 붙여 항목을 찾을 수 있다. 반환되는 값은 실제 DOM 엘리먼트가 아니고, 항목에서 HTML 콘텐츠를 가져오거나 설정하는 html 같은 메서드를 제공하는 DOM 엘리먼트를 래핑하는 제이쿼리 클래스다.

다음으로 3장의 예제와 같이 요청 내역을 가지고 있는 JSON 객체를 정의한다. 이 객체는 우리가 찾고자 하는 방송국의 호출 부호를 담고 있는 하나의 속성, call을 가진다.

다음으로, 요청의 시맨틱과 함께 자바스크립트 객체를 전달해 $의 ajax 메서드를 호출한다. 이 객체는 다음과 같은 필드를 가진다.

▶ type 필드: 요청의 HTTP 메서드(POST나 GET 같은)를 지시

▶ url 필드: 요청을 제출할 URL을 지시

▶ data 필드: 요청 시 서버에 전송할 문자열 데이터를 포함. 다음 예제에서 자세히 살펴본다.

▶ datatype 필드: 서버에서 받기를 원하는 데이터의 타입을 지시. 옵션 필드며, xml 이나 json, script, html이 올 수 있다.

더 관심이 있는 독자는 http://api.jquery.com/jQuery.ajax/에서 제이쿼리의 `ajax` 메
서드 문서를 참조한다.

제이쿼리를 사용해 웹 서버에 JSON 전송하기

제이쿼리를 사용하면 쉽게 서버에 JSON을 전송할 수 있다. JSON 형식의 데이터를
얻고, 이를 `ajax` 메서드의 `data` 필드 인수를 사용해 지정하면 된다.

예제 수행

doAjax를 다시 살펴보자. 이번에는 JSON 요청을 전송하도록 수정한다.

```
function doAjax() {
  $('#debug').html("loaded... executing.");

  var request = {
    call: "kf6gpe-7"
  };

  $.ajax({
    type: "POST",
    url: "/",
    data: JSON.stringify(request),
    dataType:"json"
  });
}

</script>
</body>
</html>
```

앞의 코드에서 중요한 부분이 굵은 서체로 표시됐다. 다음 줄이 `ajax` 메서드의 인수로 전달된다.

```
data: JSON.stringify(request),
```

물론, `JSON.stringify`를 사용해 data 필드에 할당하기 전에 자바스크립트 객체를 JSON으로 인코딩한다.

제이쿼리를 사용해 요청의 진행 상황 알아내기

제이쿼리는 `XMLHttpRequest` 객체로 플랫폼에 무관하게 다양한 진행 상황 보고 매커니즘을 추상화해 제공하고 있어, 요청의 성공 여부를 쉽게 판단할 수 있다. 오류가 발생하거나 결과가 성공적으로 로드될 때 호출되는 제이쿼리 AJAX 핸들러를 등록해 이 작업을 수행한다.

예제 수행

이벤트의 성공, 실패 여부에 상관없이, 이벤트에 대한 알림을 지원하도록 다시 작성된 doAjax는 다음과 같다.

```
function doAjax() {
  $('#debug').html("loaded... executing.");

  var request = {
    call: "kf6gpe-7"
  };

  $.ajax({
    type: "POST",
    url: "/",
    data: JSON.stringify(request),
    dataType:"json",
```

```
  })
  .fail(function() {
    $('#debug').append("<br/>failed");
  })
  .always(function() {
    $('#debug').append("<br/>complete");
  });
}
```

예제에서 새로운 메서드는 fail과 always 메서드다.

예제 분석

제이쿼리는 체이닝^{chaining}이라는 패턴을 사용한다. 이 패턴은 대부분의 메서드에서 객체의 인스턴스를 반환해 추가로 메서드를 적용할 수 있다. 따라서 fail이나 always 같은 메서드는 동일한 객체에서 동작하고, 쉽게 읽고 쓸 수 있는 코드의 체이닝을 사용해 $.ajax 메서드 호출에서 반환된 값을 캡슐화하는 동일한 객체를 반환한다. $.ajax의 경우, 브라우저에서 반환되는 XMLHttpRequest 객체의 슈퍼셋^{superset}을 필드로 가지는 제이쿼리 XMLHttpRequest 객체의 인스턴스가 반환된다.

예제에서 $.ajax 반환 값에 두 개의 이벤트 핸들러를 설정하고 있다. 하나는 어떠한 이유로 요청이 실패한 failure 경우에 대한 이벤트 핸들러고 다른 하나는 always 경우에 대한 이벤트 핸들러다. 체이닝 덕분에 이들을 반대로 설정해 always 경우에 대한 핸들러를 먼저 설정하고, failure 경우에 대한 핸들러를 두 번째로 설정할 수 있다. 어떤 방법을 사용할지는 전적으로 여러분의 선호에 달려있다.

always와 fail 메서드는 인수를 세 개까지 가질 수 있는 하나의 함수를 받는다. 예제의 경우, 인수를 사용하지 않고 div 영역의 HTML에 id debug로 약간의 텍스트를 추가하고 있다. Fail 이벤트 핸들러의 경우 텍스트 상태 메시지와 실패에 대한 오류 코드는 전달하는 반면에, always 메서드는 오류 또는 데이터에 대한 텍스트 상태 메시지를 전달한다.

원한다면 초기 자바스크립트 객체 인수의 error 속성의 함수로 fail 이벤트 핸들러를 $.ajax에 지정할 수 있다. 마찬가지로, $.ajax에 초기 자바스크립트 객체의 complete 속성의 함수로 always 이벤트 핸들러를 지정할 수 있다. 모든 코드를 한 곳에서 관리할 수 있지만, 들여쓰기가 쉽지 않기 때문에 읽기 어려운 단점이 있다.

제이쿼리를 사용해 반환된 JSON 파싱하기

마지막으로 서버에서 받은 JSON을 사용하는 방법을 알아볼 시간이다. $.ajax에 결과 자바스크립트 객체를 받을 이벤트 핸들러를 등록해 이 작업을 수행한다. 그러면 제이쿼리가 JSON을 역직렬화해준다.

예제 수행

AJAX 요청에서 결과를 얻기 위해 다음과 같이 제이쿼리 XMLHttpRequest 객체의 done 이벤트에 이벤트 핸들러를 추가한다.

```
function doAjax() {
  $('#debug').html("loaded... executing.");

  var request = {
    call: "kf6gpe-7"
  };

  $.ajax({
    type: "POST",
    url: "/",
    data: JSON.stringify(request),
    dataType:"json",
  })
  .fail(function() {
    $('#debug').html( $('#debug').html() + "<br/>failed");
```

```
  })
  .always(function() {
    $('#debug').html( $('#debug').html() + "<br/>complete");
  })
  .done(function(result) {
    $('#json').html(JSON.stringify(result));
    $('#result').html(result.call + ":" +
      result.lat + ", " + result.lng);
  });
}
```

예제 분석

요청이 성공적으로 완료되면, 제이쿼리는 결과 데이터를 인수로 전달해 done 이벤트 핸들러를 호출한다. $.ajax의 초기 호출 시 json의 데이터 타입을 지정하였기 때문에, 제이쿼리의 JSON.parse를 사용해 반환된 값을 파싱하고 따로 parse를 호출할 필요 없이 원하는 자바스크립트 객체를 전달할 수 있다.

done 이벤트 핸들러는 두 가지 작업을 수행한다. 먼저 객체의 JSON(서버에서 반환된 형태가 아닌, 브라우저에 의해 직렬화된 형태로)을 ID json의 div 필드에 넣고, 결과 데이터의 방송국 호출 부호와 위도, 경도로 result div를 업데이트한다.

원한다면 $.ajax의 초기 요청의 success 필드로 전달해 성공적인 종료에 대한 이벤
트 핸들러를 등록할 수 있다. 개인적으로는 가독성이 좋기 때문에 fail과 always처
럼 명시적으로 체이닝을 써서 설정하는 것을 선호한다.

웹 페이지에 앵귤러JS 종속성 추가하기

다른 자바스크립트 프레임워크와 마찬가지로 앵귤러JS를 사용하려면 HTML에 앵귤
러JS를 포함시켜야 한다. 하지만 이 절에서 살펴보겠지만, 몇 가지 다르게 설정해야
하는 것들이 있다. 먼저 json-example-angular.html 같은 새로운 HTML 파일을 생
성해야 한다.

전체 애플리케이션의 HTML은 다음과 같다.

```
<!doctype HTML>
<html>
  <head>
  </head>

<body ng-app="aprsapp">
  <div ng-controller="AprsController">
    <button ng-click="doAjax()">Send AJAX Request</button>
    <div>{{debug}}</div>
    <div>{{json}}</div>
    <br/>
      <div>{{message}}<div>
  </div>

  <p>Powered by <a href="http://www.aprs.fi">aprs.fi</a></p>
<script type="text/javascript"
src="https://ajax.googleapis.com/ajax/libs/angularjs/1.3.2/angular.
min.js"></script>
<script src="json-example-angularjs.js"></script>
</body>
</html>
```

무엇이 다른지 HTML을 자세히 살펴보자.

먼저 body 태그는 aprsapp로 설정된 ng-app 속성을 가지고 있다. 앵귤러JS 애플리케이션은 이 정의된 이름을 참조해 자바스크립트로 애플리케이션의 로직을 구현한다.

다음으로 UI를 포함하고 있는 div 영역은 ng-controller 속성으로 UI의 이벤트 처리를 담당하는 특정 컨트롤러 모듈을 식별한다. 자바스크립트에 어떻게 연결되는지 알아보자. 이 div 안에는 또 다른 div 영역이 포함돼 있다. 이 영역은 앵귤러JS가 채울 문서 템플릿을 정의하는 중괄호로 채워져 있다. 이것은 앵귤러JS의 변수로, 컨트롤러가 로드하는 시점에 HTML의 변수가 컨트롤러에 의해 콘텐츠로 대체된다. 각각은 표시할 데이터를 담고 있는 모델이다.

마지막으로 자바스크립트뿐 아니라 앵귤러JS 모듈 자체도 포함해야 한다. 앵귤러JS로 작업할 때, 웹 애플리케이션의 표현(HTML과 CSS)과 구현(자바스크립트)을 분리할 수 있기 때문에 애플리케이션에서 자바스크립트를 별도의 파일로 분리해 작성하는 것이 일반적이다.

이제 `json-examnple-angular.js` 파일에 작성할 자바스크립트 템플릿을 살펴보자.

```
var app = angular.module("aprsapp", []);

app.controller("AprsController", , ["$scope",
  function($scope) {
  $scope.json = "";
  $scope.message = "Loaded...";
}]);
```

이 코드는 하나의 앵귤러JS 애플리케이션인 `aprsapp`을 정의한다. 이 이름은 HTML의 `body` 태그에 있는 `ng-app` 속성에 설정한 이름과 일치해야 한다. 다음 코드는 애플리케이션의 단일 컨트롤러인 `AprsController`를 등록한다. 컨트롤러는 적어도 하나의 인수(컨트롤러의 범위)를 받는 함수다. 컨트롤러 범위는 데이터 모델과 변수들을 정의한다. 예제의 컨트롤러 범위에서는 `json`과 `message`의 두 개의 모델에 대한 초기 값을 설정했다.

부연 설명

앵귤러JS를 시작하려면 웹사이트 https://angularjs.org를 참조하거나, 팩트출판사에서 출간한 로드리고 브라나스[Rodrigo Branas]의 『AngularJS Essentials』(2014)을 참조한다.

앵귤러JS를 사용해 JSON 콘텐츠 요청하기

앵귤러는 원격 서버로 HTTP 요청할 때 사용하는 핵심 객체인 $http를 정의한다. 이 객체는 초기화할 때 컨트롤러에 전달된다.

예제 수행

컨트롤러를 확장해 $http 객체의 참조를 추가하고 이를 사용해 요청을 만들어보자.

```
var app = angular.module("aprsapp", []);

app.controller("AprsController", ["$scope", "$http",
function($scope, $http) {
  $scope.json = "";
  $scope.message = "Loaded...";
  $scope.doAjax = function()
  {
    $scope.debug = "Fetching...";
    $scope.json= "";
    $scope.message = "";

    var promise = $http({
      url: "/",
      method: "POST",
    });
  };
}]);
```

예제에서 비동기 HTTP 요청을 수행하는 doAjax 함수를 정의한다. 이 함수는 모델을 업데이트해 debug 모델은 상태 메시지를 포함하고, json과 message 모델은 빈 문자열이 된다. $http 객체를 좀 더 자세히 살펴보자.

컨트롤러 정의 함수를 살펴보면, 컨트롤러의 범위뿐 아니라 $http 객체도 전달하는 것을 알 수 있다. 이것은 HTTP 요청의 파라미터를 정의하는 자바스크립트 객체를 인수로 취하는 함수를 정의한다. 예제에서 method 필드를 POST로 설정하고 url 필드를 /로 설정해 서버의 루트에 POST 요청을 만든다.

$http 메서드의 인수에는 다음과 같은 속성들이 포함된다.

▶ method 속성: 사용할 HTTP 메서드를 지정

▶ url 속성: 메서드를 전송할 URL을 지정

▶ params 속성: 서버에 전송하는 객체 또는 문자열의 맵map. 값이 문자열이 아닐 경우, JSON으로 인코딩돼야 함(이에 대해서는 다음 예제에서 다룬다). params 속성은 URL에 추가된다.

▶ data 속성: 원격 서버로 전송할 데이터

▶ headers 속성: 원격 서버로 전송할 헤더와 헤더 값의 맵

▶ timeout 속성: 응답을 기다리는 시간을 지정

$http() 메서드는 프라미스promise를 반환한다(프라미스에 대해서는 '앵귤러JS를 사용해 요청의 진행 상황 알아내기'와 '앵귤러JS를 사용해 반환된 JSON 파싱하기' 예제에서 자세히 알아본다). 프라미스는 전송이 성공한 후 오류를 감지하고 데이터를 처리하는 이벤트 핸들러를 등록하는 메서드를 호출하는 객체다.

$http 객체는 또한 적절한 HTTP 요청을 생성하도록 각각 별도의 get, post, put, delete, patch 메서드도 정의하고 있다. 필요한 경우 method 속성을 제외하고, $http() 메서드 대신 이들 메서드를 사용해도 된다. $http()와 마찬가지로 이들 메서드는 모두 프라미스를 반환한다.

$http() 메서드와 앵귤러JS의 AJAX 지원에 대한 문서는 https://docs.angularjs.org/api/ng/service/$http를 참조한다.

앵귤러JS를 사용해 웹 서버에 JSON 전송하기

앵귤러JS로 JSON을 전송하는 것은 아주 쉽다. data 속성을 인수로 제공해 $http() 메서드를 호출하면 된다. 심지어 앵귤러JS는 객체를 JSON으로 인코딩까지 해준다.

예제 수행

이전과 마찬가지로, AJAX 요청을 만든다. 이번에는 data 속성을 포함한다.

```
var app = angular.module("aprsapp", []);

app.controller("AprsController", ["$scope", "$http",
function($scope, $http) {
  $scope.json = "";
  $scope.message = "Loaded...";
  $scope.doAjax = function()
  {
    $scope.debug = "Fetching...";
    $scope.json= "";
    $scope.message = "";
    var request = {
      call: "kf6gpe-7"
    };
    var promise = $http({
      url: "/",
      method: "POST",
      data: request
    });
  };
}]);
```

이전 예제와 마찬가지로, 방송국의 호출 부호를 담고 있는 call 속성으로 자바스크립트 객체 요청을 정의한다. 이 값을 $http()의 data 속성으로 전달하면, 앵귤러JS는 객체를 JSON으로 변환해 서버로 전송한다.

$http.post() 같은 메서드를 사용한다면, 다음과 같이 두 번째 인수로 데이터를 전달한다.

```
$http.post("/", request);
```

또한 세 번째 인수로 구성 인수를 전달할 수 있다. 이러한 구성 객체는 앞에서 살펴본 요청 객체에 대한 예제에서 설명한 속성들을 포함할 수 있다.

앵귤러JS를 사용해 요청의 진행 상황 알아내기

$http() 메서드는 요청의 상태를 확인할 수 있는 프라미스를 반환한다. 이것은 네트워크 트랜잭션 상태가 변경됐을 때, 이벤트 핸들러로 동작하는 자바스크립트 함수를 전달할 수 있는 메서드를 정의한다.

반환된 프라미스는 이벤트 핸들러를 인수로 받는 success와 error 메서드를 정의한다. 이들을 사용하려면 다음과 같은 코드를 작성한다.

```
var app = angular.module("aprsapp", []);

app.controller("AprsController", ["$scope", "$http",
function($scope, $http) {
  $scope.json = "";
  $scope.message = "Loaded...";
```

```
$scope.doAjax = function()
{
  $scope.debug = "Fetching...";
  $scope.json= "";
  $scope.message = "";
  var request = {
    call: "kf6gpe-7"
  };
  var promise = $http({
    url:"/",
    method: "POST",
    data: request
  });
  promise.success(function(result, status, headers, config) {
    // 성공에 대한 처리
  });
  promise.error(function(data, status, headers, config) {
    alert("AJAX failed!");
  });
}]);
```

예제 분석

성공 시 앵귤러JS는 결과 데이터와 HTTP 상태, HTTP 헤더, 그리고 요청과 관련된 구성을 success 메서드에 전달해 프라미스에 등록한 함수를 호출한다. 여기에서 다음 예제에서 좀 더 알아볼 네트워크 트랜잭션의 결과를 처리한다. 어떤 종류든 실패 시, 앵귤러JS는 동일한 데이터를 전달해 error로 등록한 콜백을 호출한다.

success와 error는 다시 프라미스를 반환한다. 따라서 필요한 경우 이 요청을 체이닝할 수 있다.

앵귤러JS를 사용해 반환된 JSON 파싱하기

앵귤러JS가 반환된 JSON을 파싱하고 결과 객체를 프라미스의 success 메서드에 등록한 이벤트 핸들러에 전달해주기 때문에 앵귤러JS에서 반환된 데이터를 처리하는 것은 아주 쉽다.

예제 수행

앵귤러JS 애플리케이션의 전체 클라이언트 측 코드는 다음과 같다. 프라미스의 success 콜백은 결과로 얻는 객체의 필드로 모델을 업데이트한다.

```
var app = angular.module("aprsapp", []);

app.controller("AprsController", function($scope, $http) {
  $scope.json = "";
  $scope.message = "Loaded...";
  $scope.doAjax = function()
  {
    $scope.debug = "Fetching...";
    $scope.json= "";
    $scope.message = "";
    var request = {
      call: "kf6gpe-7"
    };

    var promise = $http({
      url:"/",
      method: "POST",
      data: request
    });
    promise.success(function(result, status, headers, config) {
      $scope.debug = "Loaded.";
      $scope.json = result;
      $scope.message = result.call + ":" + result.lat + ", " +
        result.lng;
    });
```

```
      promise.error(function(data, status, headers) {
        alert("AJAX failed!");
      });
}]);
```

앵귤러JS가 JSON 파싱을 처리하기 때문에, 메시지 모델의 텍스트를 채울 때 결과 JSON의 값을 직접 역참조할 수 있다. 결과 객체의 JSON 모델에 결과 객체에 할당할 수 있을 뿐만 아니라 결과가 표시될 때, 결과 객체 자체에 대한 JSON을 보여줄 수 있다.

크롬에서 HTML과 자바스크립트를 로드하고 doAjax를 호출하는 버튼을 누르면, 다음과 같은 결과를 볼 수 있다.

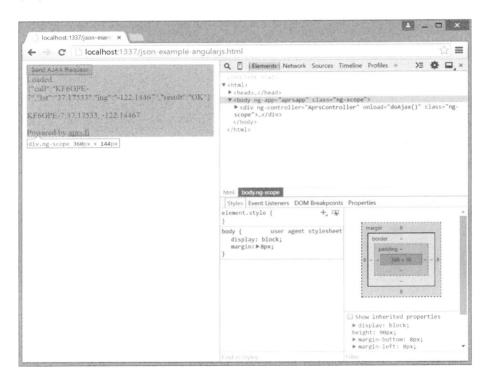

5

몽고DB에서 JSON 사용하기

5장에서 다루는 내용은 다음과 같다.

- ▶ 몽고DB 설정
- ▶ Node.js용 몽고DB 데이터베이스 드라이버 설치
- ▶ Node.js용 익스프레스 모듈 설치
- ▶ Node.js로 몽고DB 데이터베이스에 연결하기
- ▶ Node.js로 몽고DB에서 문서 생성하기
- ▶ Nodel.js로 몽고DB에서 문서 검색하기
- ▶ Node.js로 몽고DB 문서 업데이트하기
- ▶ Node.js로 몽고DB 문서 삭제하기
- ▶ REST로 몽고DB 검색하기
- ▶ REST로 몽고DB 문서 생성하기
- ▶ REST로 몽고DB 문서 업데이트하기
- ▶ REST로 몽고DB 문서 삭제하기

소개

5장에서는 웹 애플리케이션의 백엔드[backend] 스토리지로 몽고DB[MongoDB]를 사용하는 방법을 알아본다. JSON에 초점을 맞춘 것은 아니지만, 5장의 예제는 몽고DB로 문서의 생성과 읽기, 업데이트, 삭제 같은 관리를 할 수 있게 도와줄 것이다. 먼저 Node.js에서 직접 관리하는 방법을 알아보고, 다음으로 Node.js와 몽고DB를 위해 만든 REST 서버로 관리하는 방법을 알아본다. 이를 통해 네트워크 클라이언트에서 웹 애플리케이션처럼 문서를 관리할 수 있다.

몽고DB 설정

몽고DB의 설치는 플랫폼에 따라 다르다. 리눅스에서는 apt 같은 패키지 인스톨러를 사용할 수 있다. 반면에 윈도우나 맥OS X(리눅스와 마찬가지로, 몽고DB 패키지 관리자가 없는 배포판을 가지고 있는 경우)에서는 웹 다운로드를 사용할 수 있다.

예제 수행

1. 맥OS X와 윈도우에서는 http://www.mongodb.org/를 방문해 Download 링크를 클릭한다. 이 글을 쓰는 시점에서 몽고DB의 버전은 2.6.7이다.[1]
   또한 몽고DB는 데비안[Debian]과 페도라[Fedora]를 포함한 몇몇 범용적인 리눅스 배포판용 패키지를 제공하고 있다. FreeBSD에서 사용할 수 있는 패키지도 있다.

2. 몽고DB를 다운로드해 설치하고 나면, 몽고DB에서 데이터베이스를 저장할 공간이 필요하다.
   이 역시 플랫폼마다 다르다. 윈도우에서는 c:\data\db다.

3. 이 작업을 마치면, mongod를 실행해 데이터베이스 서버를 시작할 수 있다. 또한 몽고DB 클라이언트와 서버 바이너리 경로를 추가하면, 명령행에서 쉽게 접근할 수 있다.

---

1 이 책을 번역한 시점에는 몽고DB의 최신 버전이 3.2였다. 설치 전 반드시 최신 버전 여부를 확인하도록 한다. – 옮긴이

4. 몽고DB 서버를 실행하면, 다음과 같은 일련의 로그 메시지를 볼 수 있다.

```
C:\Program Files\MongoDB 2.6 Standard\bin\mongod.exe
--help for help and startup options
2015-02-15T13:10:07.909-0800 [initandlisten] MongoDB
starting : pid=13436 port=27017 dbpath=\data\db\
64-bit host=KF6GPE-SURFACE
2015-02-15T13:10:07.911-0800 [initandlisten]
targetMinOS: Windows 7/Windows Server 2008 R2
2015-02-15T13:10:07.913-0800 [initandlisten]
db version v2.6.7
2015-02-15T13:10:07.914-0800 [initandlisten] git
version: a7d57ad27c382de82e9cb93bf983a80fd9ac9899
2015-02-15T13:10:07.915-0800 [initandlisten]
   build info: windows sys.getwindowsversion
(major=6, minor=1, build=7601, pla
tform=2, service_pack='Service Pack 1')
BOOST_LIB_VERSION=1_49
2015-02-15T13:10:07.917-0800 [initandlisten]
allocator: system
2015-02-15T13:10:07.920-0800 [initandlisten] options: {}
2015-02-15T13:10:07.930-0800 [initandlisten] journal
dir=\data\db\journal
2015-02-15T13:10:07.931-0800 [initandlisten] recover
: no journal files present, no recovery needed
2015-02-15T13:10:07.967-0800 [initandlisten]
waiting for connections on port 27017
```

서버가 실행되는 호스트 이름(예제에서는 KF6GPE-SURFACE)과 포트 번호(기본값은 27017)를 적어둔다.

5. 직접 몽고DB 서버에 연결하려면, 명령행에서 다음과 같이 mongo를 실행하면 된다.

```
C:\>mongo
MongoDB shell version: 2.6.7
connecting to: test
>
```

6. mongo 바이너리를 종료하려면 **Ctrl + C**를 누르거나 exit를 입력한다.

예제 분석

더블 클릭이 가능한 인스톨러와 리눅스 패키지는 mongod 바이너리와 함께 몽고 명령행 클라이언트를 설치한다.

Node.js용 몽고DB 데이터베이스 드라이버 설치

Node.js가 몽고DB 서버와 직접 통신하려면 Node.js용 데이터베이스 드라이버를 설치해야 한다.

예제 수행

데이터베이스 드라이버는 단순히 Node.js 파일이 있는 프로젝트 디렉토리로 이동해 다음 명령을 실행하면 설치할 수 있다.

```
npm install mongodb
```

이 명령은 Node.js용 데이터베이스 드라이버를 다운로드하고 설치한다.

Node.js용 익스프레스 모듈 설치

Node.js용 익스프레스express 모듈은 Node.js를 사용해 REST Representational State Transfer 서버 애플리케이션을 쉽게 구축할 수 있게 해준다. REST는 HTTP 메서드인 GET과 POST, PUT, DELETE를 사용해 웹 서비스에서 문서의 생성create과 읽기read, 갱신update, 삭제delete(이들을 합쳐 보통 CRUD로 부른다) 관리 작업을 하는 웹 프로그램의 강력한 패러다임이다.

REST에서 URL은 작업할 대상인 명사를 나타내며, HTTP 메서드는 이 대상에 동작을 수행하는 동사를 나타낸다.

다음 예제에서 노드의 익스프레스 모듈을 사용해 기본 CRUD 작업을 지원하고 몽고DB에서 문서를 반환하는 RESTful 서버를 구축한다. 시작에 앞서 3개의 모듈을 추가 설치해야 한다.

Node.js 패키지 관리자인 npm을 사용해 크로스 도메인 스크립팅을 지원하는 cross-object 자원 모듈과 express 모듈, 그리고 익스프레스가 사용하는 body-parser 모듈을 설치한다. 다음 명령을 실행하면 된다.

```
npm install cors
npm install express
npm install body-parser
```

또한 REST 서버와 HTTP 메서드 그리고 필요한 데이터베이스 작업을 수행하는 함수 사이의 경로route로 구성된 REST 서버를 위한 기본 애플리케이션 또는 스켈레톤skeleton이 필요하다. 이 스켈레톤은 익스프레스 모듈과 HTML 문서를 사용하는 두 개의 Node.js 스크립트로 구성돼 있다.

첫 번째 Node.js 스크립트는 rest-server.js에 있는 REST 서버 자체며, 다음과 같다.

```
var express = require('express'),
  documents = require('./routes/documents'),
  cors = require('cors'),
  bodyParser = require('body-parser');

var app = express();

app.use(cors());
var jsonParser = bodyParser.json();

app.get('/documents', documents.findAll);
app.get('/documents/:id', documents.findById);
app.post('/documents', jsonParser, documents.addDocuments);
app.put('/documents/:id', jsonParser, documents.updateDocuments);
app.delete('/documents/:id', jsonParser,
documents.deleteDocuments);

app.listen(3000);
console.log('Listening on port 3000...');
```

패키지 관리자는 필요한 경우 소스를 빌드하고 각 모듈을 설치한다. 세 가지 모듈이 모두 필요하다. CORS 모듈은 크로스 도메인 스크립트 요청을 지원하는 데 필요하고, express 모듈은 REST 서버 프레임워크에, 그리고 마지막으로 body-parser 모듈은 클라이언트 객체 본체를 JSON에서 자바스크립트 객체로 전환하는 데 필요하다.

스켈레톤 스크립트는 express 모듈과 각각의 REST 유즈케이스를 처리하는 함수를 정의하는 routes 파일, 그리고 CORS 모듈과 익스프레스가 클라이언트에서 전송된 객체 본체를 해석하는 데 필요한 body-parser 모듈을 포함한다.

이들 모듈을 포함하고 나면, express 모듈 인스턴스를 app 이름으로 정의하고 CORS 로 구성한다. 이는 페이지의 콘텐츠가 다른 도메인의 서버로부터 오는 경우, 기본적으로 브라우저가 AJAX 요청을 생성하지 않기 때문에 필수적이다. 악성 스크립트 코드가 주입될 수 있는 교차 스크립트 공격을 방지하기 위해서다. CORS 모듈은 구 Node.js 서버에서 1337 포트에서 콘텐츠를 제공할 수 있도록 필요한 헤더를 설정하고, 다른 포트에서 동작하는 REST 서버에서 콘텐츠를 접근할 수 있도록 한다.

다음으로, 삽입이나 업데이트 요청을 위해 클라이언트에서 보낸 객체 본체를 파싱하는 데 사용되는 body-parser의 JSON 파서에 대한 참조를 가져온다. 그런 다음, REST로 몽고DB 문서에 접근하는 데 사용되는 최상위 문서 URL의 핸들러로 익스프레스 앱 서버 인스턴스를 구성한다. 이 URL에는 다섯 가지 가능한 동작이 있다.

▶ URL /documents로 HTTP GET하면 단순히 데이터베이스에 있는 모든 문서의 목록을 반환한다.

▶ URL /documents/<id>로 HTTP GET하면 데이터베이스에서 지정된 ID의 문서를 반환한다.

▶ JSON 포맷의 문서를 /documents로 HTTP POST하면 데이터베이스에 해당 문서를 저장한다.

▶ JSON 포맷의 문서를 /documents/<id>로 HTTP PUT하면 지정된 ID의 문서의 콘텐츠를 업데이트한다.

▶ /documents/<id>로 HTTP DELETE하면 지정된 ID의 문서를 삭제한다.

마지막으로, 스크립트는 포트 3000에서 서버를 시작하고, 서버가 시작된 로그를 기록한다.

물론, 문서 객체의 함수를 정의할 필요가 있다. 다음과 같이 시작하는 routes/documents.js 파일에서 이 작업을 수행한다.

```javascript
var mongo = require('mongodb');

var mongoServer = mongo.Server,
    database = mongo.Db,
    objectId = require('mongodb').ObjectID;
var server = new mongoServer('localhost', 27017,
{auto_reconnect: true});
var db = new database('test', server);

db.open(function(err, db) {
  if(!err) {
    console.log("Connected to 'test' database");
    db.collection('documents',
    {strict:true},
    function(err, collection) {
      if (err) {
        console.log("Inserting sample data...");
        populate();
      }
    });
  }
});

exports.findById = function(req, res) {
  res.send('');
};

exports.findAll = function(req, res) {
  res.send('');
};

exports.addDocuments = function(req, res) {
```

```
    res.send('');
  };

exports.updateDocuments = function(req, res) {
    res.send('');
  };

exports.deleteDocuments = function(req, res) {
    res.send('');
  };

var populate = function() {
var documents = [
    {
      call: 'kf6gpe',
      lat: 37,
      lng: -122 }
];
db.collection('documents', function(err, collection) {
    collection.insert(wines, {safe:true},
    function(err, result) {});
    });
};
```

앞의 코드는 네이티브 몽고DB 드라이버를 가져오고, 서버 인스턴스와 데이터베이스 인스턴스, 그리고 문자열을 몽고DB 객체 ID로 변환하는 컨버터 인터페이스를 변수로 설정하는 것으로 시작한다. 다음으로 서버 인스턴스(반드시 구동돼야 함)에 연결하는 서버의 인스턴스를 생성하고, 데이터베이스의 참조를 가져온다. 마지막으로, 데이터베이스에 연결하고, 비어있는 경우 샘플 데이터를 삽입한다(이 코드는 이번 장의 처음 두 예제를 알아본 다음에야 명확하게 이해될 것이다. 따라서 지금 이해하는 데 어려움이 있다면, 그냥 쭉 훑어보기 바란다).

routes/documents.js 파일의 나머지 부분은 rest-server.js 스크립트에서 작성한 각각의 REST 유즈케이스를 처리하는 함수를 정의한다. 각각의 함수는 예제를 통해 하나씩 구체화해 나갈 것이다.

112

마지막으로, REST 서버에 접근하는 HTML 문서가 필요하다. 문서는 다음과 같다.

```html
<!DOCTYPE html>
<html>
<head>
<script type="text/javascript"
  src="http:////code.jquery.com/jquery-1.11.2.min.js"></script>
</head>
<body>

<p>Hello world</p>
<p>
<div id="debug"></div>
</p>
<p>
<div id="json"></div>
</p>
<p>
<div id="result"></div>
</p>

<button type="button" id="get" onclick="doGet()">Get</button><br/>
<form>
  Id: <input type="text" id="id"/>
  Call: <input type="text" id="call"/>
  Lat: <input type="text" id="lat"/>
  Lng: <input type="text" id="lng"/>
<button type="button" id="insert"
    onClick="doUpsert('insert')">Insert</button>
<button type="button" id="update"
onClick="doUpsert('update')">Update</button>
<button type="button" id="remove"
onClick="doRemove()">Remove</button>
</form>
</body>
</html>
```

스크립트에서 쉽게 필드에 접근할 수 있도록 제이쿼리를 사용한다(스크립트는 REST 삽입, 업데이트, 삭제, 쿼리에 대한 예제에서 확인한다). HTML 자체는 세 개의 div 태그와 생성이나 업데이트 레코드 삭제에 필요한 필드를 입력하는 폼으로 구성된다. div 태그는 각각 디버깅, 원시 JSON 보여주기, 각 REST 동작의 결과에 사용된다.

참고 사항

Node.js express 모듈에 대한 좀 더 자세한 정보는 http://expressjs.com/를 참조한다.

몽고DB는 강력한 문서 데이터베이스로 이 책에서 모든 것을 다룰 수는 없다. 자세한 정보는 웹이나 팩트출판사의 웹사이트에서 다음 자료를 확인한다.

- ▶ 아몰 나약Amol Nayak의 '인스턴스 몽고DB Instant MongoDB '
- ▶ 아몰 나약의 '몽고DB 쿡북MongoDB Cookbook '

Node.js로 몽고DB 데이터베이스에 연결하기

Node.js 애플리케이션이 몽고DB 인스턴스와 작업하려면, 먼저 네트워크에 연결돼 있어야 한다.

예제 수행

몽고DB용 Node.js 드라이버에는 로컬이나 원격 시스템에서 동작하는 몽고DB와 연결을 설정하는 데 필요한 모든 네트워크 코드가 포함돼 있다.

코드에서 네이티브 드라이버에 대한 참조를 포함하고 연결할 데이터베이스의 URL을 지정하면 된다.

다음은 데이터베이스에 연결하고 즉시 연결을 끊는 간단한 예제를 보여준다.

```
var mongo = require('mongodb').MongoClient;

var url = 'mongodb://localhost:27017/test';
```

```
mongo.connect(url, function(error, db) {
  console.log("mongo.connect returned " + error);
  db.close();
});
```

코드를 한 줄 한 줄 살펴보자.

예제 분석

첫 번째 줄은 Node.js 애플리케이션에서 몽고에 대한 네이티브 드라이버 구현을 포함하고, MongoClient 객체에 대한 참조를 추출한다. 이 객체는 connect와 close 메서드 정의를 통해, 네트워크를 통해 데이터베이스와 상호작용하는 데 필요한 기본 인터페이스를 포함한다.

다음 줄은 연결할 데이터베이스의 URL을 포함하는 문자열 url을 정의한다. 이 URL의 형식은 간단하다. 몽고DB 서버에 대한 URL을 지시하는 mongodb 스키마로 시작한다. 다음은 호스트 이름과 포트다(예제의 경우, 몽고의 기본 포트인 로컬호스트 27017에 연결한다). 마지막으로 연결하고자 하는 데이터베이스의 이름을 나타낸다. 예제의 경우 test다.

데이터베이스의 접근을 제어하기 위해 몽고DB의 사용자 접근 제어^{user access control}를 사용하는 경우 사용자 이름과 암호도 지정해야 한다. 다음과 같은 방법으로 임의의 URL에 지정할 수 있다.

```
mongodb://user:password@host:port/database
```

데이터베이스의 보안 여부는 물론 네트워크 토폴로지 및 운용에 따라 달라지지만, 일반적으로 보안을 적용하는 것이 좋다.

연결이 성공하거나 실패할 경우 몽고DB 네이티브 드라이버가 호출하는 콜백 함수와 함께, 이 URL을 mongo 객체의 connect 메서드에 전달한다. 드라이버는 두 개의 인수로 콜백 함수를 호출한다. 첫 번째 인수는 오류가 발생했을 때의 오류 코드(또는 성공 시 null)고, 두 번째는 지정한 데이터베이스에 대한 연결을 캡슐화하는 database 객체에 대한 참조(연결 시 오류가 발생했을 경우 null)다.

콜백 함수는 매우 간단하다. 전달된 오류 코드 값을 포함하는 메시지를 출력하고 `close`를 사용해 데이터베이스와 연결을 끊는다.

 데이터베이스 사용이 끝나면 항상 database 객체의 `close`를 호출해 네이티브 드라이버가 성공적으로 데이터베이스로부터 분리하고 정리할 수 있도록 하는 것이 좋다. 그렇게 하지 않으면 데이터베이스 연결에 누수가 발생할 수 있다.

참고 사항

Node.js용 네이티브 몽고DB 드라이버에 대한 좀 더 자세한 정보는 http://docs.mongodb.org/ecosystem/drivers/node-js/를 참조한다.

Node.js로 몽고DB에서 문서 생성하기

몽고DB 데이터베이스는 일반적으로 관련 있는(예를 들어 동일한 정보를 표현하는) 문서들의 그룹인 컬렉션collection에서 문서를 만든다. 그렇기 때문에, 문서의 주 인터페이스는 컬렉션을 통해야 한다. 컬렉션을 구하고 여기에 문서를 추가하는 방법을 알아보자.

 컬렉션은 관계형 데이터베이스(relative database)의 테이블과 일부 유사하지만, 컬렉션의 모든 문서가 동일한 필드나 동일한 필드의 유형을 가질 필요는 없다. 유사한 종류의 문서들을 그룹화하는 데 사용할 수 있는 추상화로 생각하자.

예제 수행

다음은 예제 데이터베이스에서 `documents`로 명명한 컬렉션에 두 개의 정적인 항목을 삽입하는 함수다. 예제 데이터베이스는 독자 파일을 가지고 있으며 Node.js로 동작한다.

```
var mongo = require('mongodb').MongoClient;

var url = 'mongodb://localhost:27017/test';

var insert = function(collection, callback) {
  var documents =
    [{
        call: 'kf6gpe-7', lat: 37.0, lng: -122.0
      },
      {
        call: 'kf6gpe-9', lat: 38.0, lng: -123.0
      }];
    // 문서 삽입
    collection.insert(documents,
      function(error, result) {
        console.log('Inserted ' +result.length + ' documents ' +
          'with result: ');
        console.log(result);
        callback(result);
    });
  };

  mongo.connect(url, function(error, db) {
    console.log('mongo.connect returned ' + error);

    // documents 컬렉션 구하기
    var collection = db.collection('documents');
    insert(collection, function(result) {
      db.close();
    });
  });
```

콜백 구조를 명확하게 하기 위해 코드를 두 부분으로 나눴다. 실제 삽입을 수행하는 insert 함수와, insert 함수를 호출하는 connection 콜백이다.

하나하나 자세히 살펴보자.

코드는 동일하게 데이터베이스와 통신에 사용하는 MongoClient 객체의 참조를 구하는 것으로 시작한다. connection 코드도 기본적으로 동일하다. URL도 동일하고, 관심 있는 컬렉션의 이름을 전달해 데이터베이스의 collection 메서드를 호출하는 것이 유일한 차이점이다. collection 메서드는 documents 컬렉션의 CRUD 작업에 사용하는 메서드를 제공하는 collection 객체를 반환한다.

insert 함수는 몇 가지 작업을 수행한다. 이 함수는 작업을 수행하고자 하는 컬렉션과 삽입 작업이 완료되거나 실패했을 때 호출되는 콜백을 받는다.

먼저, 데이터베이스에 몇 개의 정적 항목을 정의한다. 이들은 일반적인 자바스크립트 객체인데, 자바스크립트 객체로 표현할 수 있는 어떤 것도 몽고DB에 저장할 수 있다. 다음으로 저장할 객체와 삽입 시도 후 드라이버가 호출하는 콜백을 전달해 컬렉션의 insert 메서드를 호출한다.

드라이버는 오류 값(성공 시는 null)과 컬렉션에 삽입할 자바스크립트 객체를 전달해 콜백을 다시 호출한다. 콜백 함수는 콘솔에 결과를 기록하고, 데이터베이스를 종료하는 insert 함수의 콜백을 다시 호출한다.

삽입된 레코드는 어떤 모습일까? 다음은 몽고DB를 실행했을 때 예제다.

```
PS C:\Users\rarischp\Documents\Node.js\mongodb> node .\example.js
mongo.connect returned null
Inserted 2 documents with result:
[ { call: 'kf6gpe-7',
    lat: 37,
    lng: -122,
    _id: 54e2a0d0d00e5d240f22e0c0 },
  { call: 'kf6gpe-9',
    lat: 38,
    lng: -123,
    _id: 54e2a0d0d00e5d240f22e0c1 } ]
```

객체들은 동일한 필드를 갖지만, 추가로 데이터베이스 내에서 고유한 id로 구분되는 _id 필드를 가지고 있다. 다음 섹션에서는 이 _id 필드로 쿼리하는 방법을 알아본다.

데이터베이스에 동일한 객체를 여러 번 삽입하면 어떻게 될까? 데이터베이스에 객체의 여러 사본을 볼 수 있다. 이때 필드는 고유성을 나타내지 못한다(_id 필드는 예외로 전체 데이터베이스에서 고유하다). 고유하다고 확신하지 않는 한, _id 필드를 직접 지정할 수 없다. 기존 엘리먼트를 업데이트하려면 이 장의 'Node.js로 몽고DB 문서 업데이트하기' 절에서 설명하는 update 메서드를 사용한다.

기본적으로 몽고DB 삽입 동작은 바로 실패할 것이다(일시적인 네트워크 문제가 있거나 서버가 일시적인 과부하 상태일 때). 성능 측면에서 insert의 두 번째 인수로 { safe: true }를 전달하거나, 성공할 때까지 기다리거나 동작이 실패했을 때 오류를 반환하도록 동작을 강제할 수 있다.

참고 사항

몽고DB 컬렉션에 문서를 삽입하는 방법에 대한 문서는 http://docs.mongodb.org/manual/reference/method/db.collection.insert/를 참조한다.

Node.js로 몽고DB에서 문서 검색하기

문서를 검색하는 방법이 없다면 문서를 삽입하는 것은 큰 의미가 없다. 몽고DB에서는 검색하고자 하는 템플릿을 지정해, 템플릿과 일치하는 객체를 찾을 수 있다.

삽입 및 업데이트와 마찬가지로, 컬렉션의 find 메서드를 호출해 문서의 컬렉션에서 작업한다.

예제 수행

다음은 test 컬렉션에서 call이 kf6gpe-7인 모든 문서를 찾아 콘솔에 출력하는 예제를 보여준다.

```
var mongo = require('mongodb').MongoClient;

var url = 'mongodb://localhost:27017/test';

mongo.connect(url, function(error, db) {
  console.log("mongo.connect returned " + error);

  var cursor = collection.find({call: 'kf6gpe-7'});
  cursor.toArray(function(error, documents) {
    console.log(documents);

    db.close();
  });
});
```

예제 분석

데이터베이스에 연결한 후, 발견한 값들 사이를 이동하는 데 사용할 수 있는 커서 cursor를 반환하는 컬렉션의 find를 호출한다. find 메서드는 찾고자 하는 필드를 지정하는 템플릿 역할을 하는 자바스크립트 객체를 받는다. 예제에서는 call이 kf6gpe-7인 레코드를 찾는다.

커서를 반복해서 이동하는 대신, 커서의 toArray 메서드를 사용해 발견된 값의 전체 컬렉션을 단일 배열로 설정한다. 예제에서는 결과가 크지 않기 때문에 문제가 없지만, 많은 항목을 가지고 있는 데이터베이스에서 작업할 때는 주의해야 한다. 데이터베이스에서 한 번에 필요한 데이터보다 많이 가져오면 RAM과 CPU 자원을 많이 사용하게 된다. 따라서 이런 경우 컬렉션을 반복하거나, 다음 섹션에서 알아볼 페이징 paging을 사용하는 것이 좋다.

커서는 찾은 결과를 반복해서 이동할 때 사용할 수 있는 몇 가지 메서드를 제공한다.

▶ hasNext 메서드: 커서에 반환할 수 있는 또 다른 항목이 있는 경우 true를 반환

▶ next 메서드: 커서에서 일치하는 다음 항목을 반환

▶ forEach 반복자[iterator]: 각각의 커서의 결과 항목의 함수를 순차적으로 호출

커서를 이동할 때 hasNext로 while 루프를 돌면서 next를 호출하거나, forEach를 사용하는 것이 좋다. 결과를 배열로 변환하고 이 결과를 루프로 돌리면 안 된다. 그렇지 않으면 데이터베이스에서 한 번에 모든 레코드를 가져와서 많은 메모리가 필요하다.

때때로 처리하기에 항목이 아직도 너무 많을 수 있다. 이럴 경우 커서의 limit와 skip 메서드를 사용해 반환되는 항목의 수를 제한할 수 있다. limit 메서드는 검색할 항목의 수를 제한하고 skip 메서드는 지정한 숫자만큼 항목을 건너뛴다.

실전에서 find 메서드는 두 개의 인수를 받는다. 하나는 요청의 기준[criteria]인 자바스크립트 객체고, 다른 하나는 옵션으로 결과를 새로운 자바스크립트 객체로 프로젝션[projection]하는 방법을 정의하는 자바스크립트 객체다.

기준은 앞의 예제에서 본 것과 같이 정확한 일치의 기준이다. 또한 특별한 동작인 $gt와 $lt를 사용해 카디널 순서[cardinal order]로 주어진 필드를 필터링하는 검색을 수행할 수 있다. 예를 들면, 다음과 같이 작성할 수 있다.

```
var cursor = collection.find({lng: { $gt: 122 } });
```

결과로 lng 필드의 스칼라 값이 122보다 큰 모든 레코드를 반환한다.

프로젝션은 데이터베이스에서 수신한 결과 중 관심 있는 필드의 목록으로, 각각 true나 1로 설정한다. 예를 들어 다음 코드는 call과 _id 필드를 포함하고 있는 자바스크립트 객체만 반환한다.

```
var cursor = collection.find(
{call: 'kf6gpe-7'},
{call: 1, _id: 1});
```

네이티브 드라이버로 Node.js 애플리케이션에서 사용할 수 있는 몽고DB의 find 메서드에 대한 문서는 http://docs.mongodb.org/manual/reference/method/ db.collection.find/를 참조한다.

Node.js로 몽고DB 문서 업데이트하기

컬렉션의 문서 업데이트는 아주 간단하다. 컬렉션의 update 메서드로 업데이트할 데이터를 전달하기만 하면 된다.

예제 수행

간단한 예제는 다음과 같다.

```
var mongo = require('mongodb').MongoClient;

var url = 'mongodb://localhost:27017/test';

var update = function(collection, callback) {
  collection.update({ call:'kf6gpe-7' },
    { $set: { lat: 39.0, lng: -121.0, another: true } },
    function(error, result) {
      console.log('Updated with error ' + error);
      console.log(result);
      callback(result);
    });
};

mongo.connect(url, function(error, db) {
  console.log("mongo.connect returned " + error);

  // documents 컬렉션 구하기
  var collection = db.collection('documents');
  update(collection, function(result) {
```

```
      db.close();
   });
});
```

insert 메서드의 패턴과 동일하다. update는 비동기 메서드로 오류 코드와 결과로 콜백을 호출한다.

update 메서드는 검색할 문서와 일치하는 템플릿을 받아 교체할 자바스크립트 객체의 $set 프레임으로 전달한 필드 값으로 첫 번째로 일치하는 문서를 업데이트한다. 예제에서처럼 새로운 필드를 문서에 추가할 수도 있다. 예제에서는 새로운 필드 another를 true 값으로 추가했다.

업데이트할 템플릿의 _id 필드로 문서의 ID를 전달해 정확히 일치하는 문서를 지정할 수 있다. update로 전달하는 템플릿은 find에서 전달한 것과 같은 표준 검색 쿼리 템플릿이다.

디폴트로 update는 일치하는 첫 번째 문서를 업데이트한다. 일치하는 모든 문서를 업데이트하고자 할 때는 자바스크립트 객체 { multi: true }를 update의 (선택적인) 세 번째 인수로 전달한다. 또한 update를 업서트^{upsert}로 수행할 수도 있다. 즉 일치하는 항목이 있으면 업데이트를 수행하고 일치하는 항목이 없으면 삽입을 수행한다. 이 동작은 자바스크립트 객체 { upsert: true }를 update의 세 번째 인수로 전달하면 된다. 조합도 가능하다. 하나 이상의 문서를 업데이트하고, 업서트한다.

```
{
  multi: true,
  upsert: true
}
```

insert와 마찬가지로 `safe: true`를 옵션 인수로 전달해, 성능을 희생해서 결과를 반환하기 전 성공할 때까지 `update`를 시도하도록 할 수 있다.

`update` 메서드는 결과로 콜백에 업데이트된 문서의 개수를 전달한다.

참고 사항

대한 몽고DB 네이티브 드라이버의 update 문서는 https://github.com/ mongodb/node-mongodb-native나 http://docs.mongodb.org/manual/reference/method/db.collection.update/를 참조한다.

Node.js로 몽고DB 문서 삭제하기

어떤 경우 Node.js로 컬렉션에서 문서를 삭제할 필요가 있을 수 있다.

예제 수행

`remove` 메서드를 사용해 이 작업을 수행할 수 있다. `remove`는 지정한 컬렉션에서 일치하는 문서를 삭제한다. 예제는 다음과 같다.

```
var remove = function(collection, callback) {
  collection.remove({ call: 'kf6gpe-7'},
    function(error, result)
    {
      console.log('remove returned ' + error);
      console.log(result);
      callback(result);
    });
};
```

이 코드는 call 필드의 값이 kf6gpe-7인 문서를 삭제한다. 예상대로 remove에 사용되는 기준criteria에는 어떤 것도 가능하다. remove 메서드는 기준과 일치하는 모든 문서를 삭제하기 때문에 주의가 필요하다. remove({})를 호출하면 현재 컬렉션의 모든 문서를 삭제해버린다.

remove 메서드는 컬렉션에서 제거한 항목의 개수를 반환한다.

참고 사항

몽고DB의 remove 메서드에 대해서는 http://docs.mongodb.org/manual/reference/method/db.collection.remove/를 참조한다.

REST로 몽고DB 검색하기

이제 몽고DB를 사용할 때 JSON이 어디서 쓰이는지 궁금해질 것이다. mongo-rest 같은 RESTful 인터페이스로 몽고DB 데이터베이스 인스턴스를 접근하면, 문서는 JSON을 통해 클라이언트로 전송된다. 몽고DB에서 문서의 목록을 구하는 방법을 알아보자.

예제 수행

REST로 Node.js와 몽고DB를 사용하려면, 몇 가지 단계가 필요하다.

1. '소개' 절에서 설명한 것과 같이 REST 서버를 설정했는지 확인한다. rest-server.js, routes/documents.js 파일과 mongo-rest-example.html 파일로 RESTful 애플리케이션의 UI를 생성한다. 그리고 Node.js로 REST 서버와 문서 서버를 구동한다.

2. 두번째로 몽고DB를 구동한다.

3. 다음으로 REST GET 요청을 처리하기 위해 다음과 같이 documents.js 파일에

exports.findAll 함수를 정의한다.

```
exports.findAll = function(req, res) {
  db.collection('documents', function(err, collection) {
    collection.find().toArray(function(err, items) {
      res.send(items);
    });
  });
};
```

4. 그런 다음, `mongo-rest-example.html` 파일에 REST 서버에 데이터베이스의 문서를 요청하는 AJAX GET을 생성하는 doGet 스크립트를 작성한다. 이 코드는 서버의 /documents/ URL에 AJAX GET 요청을 수행하고, id가 json인 div를 결과 JSON로 채우고 HTML 테이블을 구성한다. HTML 테이블은 한 줄이 하나의 문서 결과로 채워지며, 각 문서의 ID와 호출 부호, 위도, 경도를 열로 제공한다.

```
function doGet() {
  $.ajax({
    type: "GET",
    url: "http://localhost:3000/documents/",
    dataType: 'json',
  })
.done(function(result) {
    $('#json').html(JSON.stringify(result));
    var resultHtml =
'<table><thead>' +
'<th><td><b>id</b></td><td><b>call</b></td></th>' +
'<tbody>';
    resultHtml += '<td><b>lat</b></td><td><b>lng</b></td></tr>';

      $.each(result), function(index, item)
      {
        resultHtml += '<tr>';
        resultHtml += '<td>' + item._id + '</td>';
        resultHtml += '<td>' + item.call + '</td>';
        resultHtml += '<td>' + item.lat + '</td>';
        resultHtml += '<td>' + item.lng + '</td>';
        resultHtml += "</tr>";
```

```
    };
    $resultHtml += '</tbody></table>';

    $('#result').html(resultHtml);
  })
}
```

findAll 메서드는 컬렉션의 find를 이용해 데이터베이스에서 일치하는 모든 문서를 찾는 간단한 데이터베이스 쿼리다. 이를 확장해 쿼리 템플릿을 URL 인수로 받고, 이를 GET URL에 URL 인코딩된 인수로 전달하도록 만든다.

또한 많은 양의 데이터를 처리하는 경우, 수를 제한하거나 건너뛰는 limit나 skip 같은 인수를 추가할 수 있다. Express 모듈은 클라이언트로 송신하기 전에 자바스크립트 객체를 JSON으로 인코딩할 필요가 있다는 것을 알고 있다.

doGet 자바스크립트는 더 간단하다. 순수한 AJAX 호출로 반환되는 결과 JSON 배열을 객체로 변환하고, 각 객체를 테이블의 행으로 표시한다.

좋은 REST 인터페이스는 ID로 특정 항목을 조회할 수 있는 인터페이스를 제공한다. 일반적으로 컬렉션에서 원하는 항목을 찾을 때는 특정 ID로 쿼리하는 것이 편하다. 입력 URL에서 ID를 취하는 findById 메서드를 정의한다. 이 메서드는 다음과 같이 ID를 몽고DB 객체 id로 전환하고, 이 ID로 find를 수행한다.

```
exports.findById = function(req, res) {
  var id = new objectId(req.params.id);
  db.collection('documents', function(err, collection) {
    collection.findOne({'_id':id}, function(err, item) {
      res.send(item);
    });
  });
};
```

REST로 몽고DB 문서 생성하기

원칙적으로 REST를 사용해 문서를 생성하는 것은 간단하다. 클라이언트에서 자바스크립트 객체를 생성하고 이를 JSON으로 인코딩한 후, 서버로 POST한다. 실제로 어떻게 동작하는지 살펴보자.

예제 수행

이를 위해 클라이언트 측과 서버 측의 두 개 코드가 필요하다.

1. 클라이언트 측에서, 새로운 몽고DB 문서의 데이터를 얻는 방법이 필요하다. 예제에서는 HTML의 폼^{form} 필드로 작성하고, 클라이언트 측의 doUpsert 메서드(HTML에 있는)를 사용해 서버로 POST한다.

```
function doUpsert(which)
{
Var id = $('#id').val();
var value = {};
  value.call = $('#call').val();
  value.lat = $('#lat').val();
  value.lng = $('#lng').val();

  $('#debug').html(JSON.stringify(value));

var reqType = which == 'insert' ? "POST" : 'PUT';
  var reqUrl = 'http://localhost:3000/documents/' +
(which == 'insert' ? '' : id);

  $.ajax({
    type: reqType,
    url: reqUrl,
    dataType: 'json',
    headers: { 'Content-Type' : 'application/json' },
    data: JSON.stringify(value)
  })
.done(function(result) {
```

```
    $('#json').html(JSON.stringify(result));
var resultHtml = which == 'insert' ? 'Inserted' : "Updated";
    $('#result').html(resultHtml);
  });
}
```

2. 서버는 전송된 문서를 받아, documents.js 파일에서 body-parser 모듈을 사용
   해 자동으로 JSON으로 변환하고 데이터베이스에 삽입한다.

```
exports.addDocuments = function(req, res) {
  var documents = req.body;
  db.collection('documents', {safe:true},
function(err, collection) {
collection.insert(documents, function(err, result) {
  if (err) {
res.send({'error':'An error has occurred'});
} else {
  console.log('Success: ' + JSON.stringify(result[0]));
res.send(result[0]);
        }
    });
  });
};
```

예제 분석

클라이언트 코드는 UI의 insert와 update 버튼 모두에서 사용되기 때문에 처음 생
각한 것보다 다소 복잡하다. 하지만, REST에서 삽입과 업데이트의 유일한 차이는
URL과 HTTP 메서드(POST 대 PUT)기 때문에 하나의 메서드를 사용하는 것이 합리적
이다.

클라이언트 코드는 제이쿼리를 사용해 폼에서 필드 값을 가져오는 것으로 시작한다.
그런 다음 업데이트의 요청 유형을 POST로 설정한다. 다음으로 새로운 문서에는 ID
가 없기 때문에 기본 문서의 URL로 REST URL을 생성한다. 마지막으로 POST를 사용
해 서버에 문서의 JSON을 보낸다. 서버 코드는 간단하다. 요청의 일부로 전달된 객체

의 본체를 가져와 데이터베이스의 documents 컬렉션에 삽입하고 클라이언트에 결과를 반환한다(클라이언트가 새로 생성된 문서의 id일 경우, 따를 만한 좋은 패턴이다).

서버 측에서는 다음과 같이 body-parser 모듈의 `jsonParser` 인스턴스를 사용해 POST 요청의 핸들러를 등록해 놓았기 때문에 JSON 디코딩이 자동으로 처리된다.

```
app.post('/documents', jsonParser, documents.addDocuments);
```

> JSON 파서를 routes 등록에 전달하는 것을 잊었다면, request body 필드는 정의되지 않을 것이다. 익스프레스를 사용해 null 문서를 데이터베이스에 삽입하는 경우 반드시 확인한다.

REST로 몽고DB 문서 업데이트하기

업데이트는 문서의 ID가 필요하고, HTTP PUT 대신 HTTP POST로 요청한다는 것만 제외하면 삽입과 동일하다.

예제 수행

클라이언트의 코드는 앞의 예제와 동일하다. 서버 코드는 URL에서 ID를 추출하고 삽입 대신 업데이트를 수행하도록 변경한다.

```
exports.updateDocuments = function(req, res) {
  var id = new objectId(req.params.id);
  var document = req.body;
  db.collection('documents', function(err, collection) {
    collection.update({'_id':id}, document, {safe:true},
      function(err, result) {
        if (err) {
          console.log('Error updating documents: ' + err);
          res.send({'error':'An error has occurred'});
        } else {
          console.log('' + result + ' document(s) updated');
```

```
            res.send(documents);
        }
    });
  });
};
```

코드를 자세히 살펴보자.

잠시 이전 예제의 클라이언트 구현으로 되돌아가보면, 업데이트 시 URL에 ID를 포함한 것을 알 수 있다. updateDocuments 메서드는 요청 파라미터에서 ID를 얻고 몽고DB 객체 id 객체로 변환한다. 그런 다음 클라이언트에서 POST 요청으로 전달한 문서로 update를 호출한다.

REST로 몽고DB 문서 삭제하기

업데이트와 마찬가지로 삭제는 HTTP DELETE 요청 시 전달한 URL에서 객체 id를 획득한다.

doRemove 메서드는 폼의 id 필드에서 객체 id를 구하고, 베이스 URL에 객체 id를 추가해 구성된 URL로 서버에 DELETE 메시지를 전송한다.

```
function doRemove()
{
  var id = $('#id').val();

  if(id == "")'')
  {
    alert("Must provide an ID to delete!");
    return;
  }
```

```
$.ajax({
  type: 'DELETE',
  url: "http://localhost:3000/documents/" + id })
.done(function(result) {
  $('#json').html(JSON.stringify(result));
  var resultHtml = "Deleted";
  $('#result').html(resultHtml);
});
}
```

서버의 삭제 메시지 핸들러는 URL에서 ID를 추출하고 remove 작업을 수행한다.

```
exports.deleteDocuments = function(req, res) {
  var id = new objectId(req.params.id);
  db.collection('documents', function(err, collection) {
    collection.remove({'_id':id}, {safe:true},
    function(err, result) {
      if (err) {
        res.send({'error':'An error has occurred - ' + err});
      } else {
        console.log('' + result + ' document(s) deleted');
        res.send({ result: 'ok' });
      }
    });
  });
};
```

예제 분석

클라이언트 측의 예제 흐름은 업데이트와 유사하다. id 폼 엘리먼트에서 ID를 가져오고, null인 경우 AJAX POST를 수행하는 대신 오류 대화 상자를 표시한다. URL에 id를 문서 이름으로 전달해 HTTP DELETE 메서드로 AJAX POST를 생성한다.

서버 측에서는 요청 파라미터에서 ID를 구하고 몽고DB 네이티브 객체 ID로 변환한 다음 컬렉션의 remove 메서드에 전달해 문서를 삭제한다. 그럼 다음 클라이언트에 성공 또는 오류를 반환한다.

6

카우치DB에서 JSON 사용하기

5장에서는 인기 있는 NoSQL 데이터베이스인 몽고DB에서 JSON을 사용하는 방법을 알아봤다. 6장에서는 같은 맥락에서 또 다른 인기 있는 NoSQL 데이터베이스인 카우치DB^{CouchDB}에서 JSON을 사용하는 방법을 알아보겠다.

6장에서 다루는 내용은 다음과 같다.

▶ 카우치DB와 크래들의 설치 및 설정

▶ Node.js와 크래들로 카우치DB 문서 연결하기

▶ Node.js와 크래들로 카우치DB 데이터베이스 생성하기

▶ Node.js와 크래들로 카우치DB 문서 생성하기

▶ Node.js와 크래들로 카우치DB 데이터 뷰 설정하기

▶ Node.js와 크래들로 카우치DB 문서 검색하기

▶ Node.js와 크래들로 카우치DB 문서 업데이트하기

▶ Node.js와 크래들로 카우치DB 문서 삭제하기

▶ REST로 카우치DB 레코드 열거하기

▶ REST로 카우치DB 검색하기

▶ REST로 카우치DB 문서 업서트하기

▶ REST로 카우치DB 문서 삭제하기

소개

카우치DB는 고가용성, 고확장성의 문서 데이터베이스로, 몽고DB와 마찬가지로 NoSQL 데이터베이스다. 데이터를 ID의 테이블로 구성하는 대신 문서를 데이터베이스에 배치할 수 있다. 하지만 몽고DB와 달리 카우치DB에는 뷰^{view}라는 재미있는 기능이 있다.

인덱스로 데이터의 특정 뷰를 제공하기 위해 데이터를 반복하는 map과 reduce 함수로 문서를 DB에 배치한다. 뷰는 캐시돼, 데이터의 일부분이나 계산된 데이터 같은 보고서를 반환하는 고성능 쿼리를 쉽게 구성할 수 있게 한다.

카우치DB와 상호작용하는 주된 방법은 REST를 통해서다. 심지어 이번 장에서 소개할 크래들^{Cradle} 드라이버조차 문서의 생성과 업데이트, 삭제에 REST를 사용한다. 또한 문서 ID나 인덱스 쿼리를 뷰로 변환해 쿼리에도 REST를 사용할 수 있다.

6장에서는 크래들 모듈을 사용해 카우치DB를 Node.js와 통합하는 방법과 웹에서 카우치DB의 REST 쿼리를 만드는 방법을 알아본다.

카우치DB와 크래들의 설치와 설정

카우치DB는 주요 플랫폼에서 클릭으로 동작하는 인스톨러를 제공한다.

예제 수행

먼저 서버를 설치해야 한다. http://couchdb.apache.org/에서 플랫폼에 맞는 인스톨러를 다운로드한다. 크래들을 설치하기 전에 인스톨러를 먼저 실행해야 한다.

다음으로 명령행에 다음 명령을 입력하여 크래들을 설치한다.

```
npm install cradle
```

마지막으로 웹에서 서버 간 리소스 교차 요청을 허용하려면, 카우치DB 서버에서 이를 활성화해야 한다. 이를 위해 /etc/couchdb/default.ini 파일을 열어, 다음 행을

```
enable_cors = false
```

다음과 같이 변경한다.

```
enable_cors = true
```

또한 어떤 서버에서 CORS 요청을 허용할지 지정해야 한다. 모든 도메인에서 리소스의 교차 요청을 허용하려면 다음 행을 `/etc/couchdb/default.ini` 파일의 `[cors]` 섹션에 추가한다.

```
origins = *
```

좀 더 세부적으로 지정하려면, HTML 콘텐츠와 스크립트를 로드할 도메인의 목록을 콤마로 구분해 지정할 수 있다.

마지막으로 카우치DB 서버를 시작(또는 재시작)한다. 윈도우에서는 서비스로 설치하지 않았다면 카우치DB를 설치한 `bin` 디렉토리로 이동해 `couchdb.bat`를 실행한다. 리눅스와 맥 OS X에서는 카우치DB 서버 프로세스를 kill했다가 다시 시작한다.

예제 분석

원한다면 Node.js의 request 모듈을 사용해 REST 요청을 직접 만들 수도 있지만, 크래들 모듈은 카우치DB를 Node.js와 통합하는 인기 있는 방법이다.

참고 사항

카우치DB에 대한 좀 더 자세한 정보는 http://docs.couchdb.org/en/latest/contents.html에서 아파치 카우치DB 위키를 참조한다.

Node.js와 크래들로 카우치DB 데이터베이스 연결하기

카우치DB가 RESTful 인터페이스를 제공하지만, 카우치DB를 사용하기 전에 반드시 데이터베이스 연결을 할 필요는 없다. 하지만 크래들 모듈은 내부 상태를 관리하는 데 연결 개념을 사용하기 때문에 여전히 연결 객체를 생성해야 한다.

다음은 Node.js 애플리케이션에 크래들 모듈을 포함하고 특정 데이터베이스에 대한 핸들을 받아 초기화하는 방법을 보여준다.

```
var cradle = require('cradle');
var db = new(cradle.Connection)().database('documents');
```

이 코드는 먼저 크래들 모듈을 포함한 후 새로운 클래들 Connection 객체를 생성하고 이 객체의 데이터베이스를 documents로 설정한다. 이것은 크래들을 카우치DB의 디폴트 호스트(로컬호스트)와 포트(5984)로 초기화한다. 호스트와 포트 번호를 재정의하려면 다음과 같이 호스트와 포트를 Connection 생성자의 첫 번째와 두 번째 인수로 전달한다.

```
var connection = new(cradle.Connection)('http://example.com',
  1234);
```

Node.js와 크래들로 카우치DB 데이터베이스 생성하기

카우치DB를 사용하려면 먼저 데이터베이스를 생성해야 한다.

사용할 데이터베이스의 핸들을 획득했다면 데이터베이스가 존재하는지 확인하고, 존재하지 않는다면 생성해야 한다.

```
db.exists(function (err, exists) {
if (err) {
  console.log('error', err);
} elseif (!exists) {
{
  db.create();
```

136

```
    }
  });
```

예제 분석

exists 메서드는 데이터베이스가 존재하는지 확인해, 데이터베이스의 존재 여부를
나타내는 플래그와 함께 콜백을 호출한다. 데이터베이스가 없다면 create 메서드를
사용해 생성한다.

이는 RESTful 인터페이스가 비동기이기 때문에 크래들의 공통적인 패턴이다. 수행할
인수와, 메서드가 완료됐을 때 호출하는 콜백 함수를 메서드에 전달한다.

 초보자가 저지르는 일반적인 실수는 콜백 함수 없이 이들 메서드를 호출하고 이전 결과
에 따라 즉시 어떤 행동을 취할 수 있다고 가정하는 것이다. 하지만 원래 작업이 아직
발생하지 않았기 때문에 이 가정은 맞지 않다. 동일한 레코드에 대한 삽입과 업데이트
를 생각해보자. 삽입은 비동기적으로 완료된다. 업데이트를 동기적으로 수행하려고 할
경우, 업데이트할 것이 없다!

부연 설명

데이터베이스를 삭제할 경우 destroy 메서드를 사용하면 된다. 이 메서드 역시
create처럼 콜백 함수를 받는다. 데이터베이스의 모든 레코드를 삭제하므로 주의해
서 사용해야 한다.

Node.js와 크래들로 카우치DB 문서 생성하기

크래들 모듈은 새로운 문서를 데이터베이스에 저장하는 save 메서드를 제공한다. 저
장할 문서와, 작업이 완료되거나 실패할 때 호출할 콜백을 전달한다.

다음은 save를 사용해 간단한 레코드를 저장하는 방법을 보여준다.

```
var item = {
  call: 'kf6gpe-7',
  lat: 37,
  lng: -122
};

db.save(item, function (error, result) {
  if (error) {
    console.log(error);
    // 오류 처리
  } else {
    var id = result.id;
    var rev = result.rev;
  }
});
```

save 메서드는 새로 생성된 문서의 ID와 내부 버전 번호를 나타내는 필드, 그리고 true로 설정되는 ok 필드와 함께 자바스크립트 객체를 콜백에 반환한다. 'Node.js로 카우치DB 레코드 업데이트하기' 예제에서 볼 수 있듯이, 업데이트를 위해 저장하는 문서의 버전과 ID가 모두 필요하다. 그렇지 않으면 새로운 문서를 생성하거나 레코드를 저장할 때 실패가 발생할 것이다. 결과의 예는 다음과 같다.

```
{ ok: true,
  id: '80b20994ecdd307b188b11e223001e64',
  rev: '1-60ba89d42cc4bbc1301164a6ae5c3935' }
```

Node.js와 크래들로 카우치DB 데이터 뷰 설정하기

문서의 ID로 카우치DB를 쿼리할 수 있지만, 대부분의 경우 레코드에서 특정 값과 일치하는 필드를 찾는 것과 같은 좀 더 복잡한 쿼리가 필요할 것이다. 카우치DB를 사용하면 객체의 컬렉션에서 임의의 키와 뷰에서 파생된 객체로 구성된 데이터의 뷰를 정의할 수 있다. 뷰를 지정할 때 두 개의 자바스크립트 함수를 지정한다. 하나는 컬렉션의 항목에 키를 매핑하는 map 함수고, 다른 하나는 옵션인 키와 값을 반복해 최종 컬렉션을 만드는 reduce 함수다. 이번 예제에서 뷰의 map 함수를 사용해 하나의 필드로 레코드의 인덱스를 만든다.

예제 수행

다음은 카우치DB를 사용해 데이터베이스에 간단한 뷰를 추가하는 방법을 보여준다.

```
db.save('_design/stations', {
  views: {
    byCall: {
      map: function(doc) {
        if (doc.call) {
          emit(doc.call, doc);
        }
      }
    }
  }
});
```

이 코드는 데이터베이스에서 문서에 대한 호출 부호의 맵으로 구성된 데이터베이스의 단일 뷰인 byCall을 정의한다.

데이터베이스 내의 각 문서에 기반해 단순하거나 복잡한 문서를 임의로 생성할 수 있기 때문에, 뷰는 데이터베이스에서 문서를 참조하는 강력한 방법이다.

예제에서는 views 디렉토리(뷰를 저장하는 장소)에 각 레코드의 call 필드로 구성된 단일 뷰 byCall를 생성하고 레코드를 반복한다. 카우치DB는 뷰에 대한 키와 뷰 값의 쌍을 만드는 emit 함수를 정의한다. 예제에서는 각 값에 대한 키로 call 필드를 사용하고 문서 자체를 값으로 사용했다. 자바스크립트 객체에서 필드의 작은 부분 집합을 정의하거나, 자바스크립트 필드에서 무엇인가를 계산하고 이를 대신 내보낼 수 있다. 각 views 필드에 별도의 map 함수를 가진 하나 이상의 뷰를 정의할 수도 있다.

카우치DB는 뷰 데이터를 B-트리로 저장해 뷰를 캐시하고 데이터베이스가 변경될 때 필요에 의해 이를 업데이트한다. 따라서 런타임 시 뷰의 업데이트와 쿼리가 아주 빠르다. 다음 예제에서 볼 수 있듯이, 특정 키에 대한 뷰를 검색하는 것은 아주 간단한데, 키를 뷰에 전달하기만 하면 된다.

뷰는 카우치DB에서 단순히 데이터 값 대신 함수의 특정 위치를 저장하고 있는 문서다. 내부적으로 카우치DB는 저장소에 삽입과 삭제 같은 변경이 있는 경우 뷰의 함수를 컴파일하고 뷰를 저장하고 실행한다.

▶ 카우치DB 뷰 개념에 대한 자세한 정보는 http://wiki.apache.org/couchdb/Introduction_to_CouchDB_views에서 카우치DB 위키를 참조한다.

▶ 카우치DB 뷰 API 문서는 http://wiki.apache.org/couchdb/HTTP_view_API를 참조한다.

Node.js와 크래들로 카우치DB 문서 검색하기

카우치DB에서 문서를 검색하는 것은 특정 키에 대한 특정 뷰의 쿼리의 문제다. 크래들 모듈은 이 작업을 위해 view 함수를 정의한다.

실행하고자 하는 쿼리에 대한 뷰의 URL을 전달하고, 다음과 같이 키^{key} 파라미터로 검색하고자 하는 키를 전달한다.

```
var call = "kf6gpe-7";
db.view('stations/byCall/key="' + call + '"',
  function (error, result) {
    if (result) {
      result.forEach(function (row) {
        console.log(row);
});
```

검색하고자 하는 뷰와 키를 전달하는 것 외에, 결과를 처리하는 콜백 함수를 전달해야 한다.

예제에서 kf6gpe-7 호출 부호에 대한 byCall 뷰를 검색한다. 이전 예제에서 살펴본 바와 같이 뷰는 레코드의 call 필드에 호출 부호의 맵으로 구성된다. 데이터베이스의 view 메서드로 뷰 요청을 발행하면, 키 kf6gpe-7와 일치하는 레코드를 찾기 위해 맵을 검색하고, 일치하는 레코드의 배열로 구성된 결과를 반환한다. forEach 메서드로 배열의 각 항목을 반복하면서 각 항목을 한 번씩 콘솔에 출력한다.

뷰에 여러 개의 인수를 전달할 수 있다. 가장 명확한 것은 key 인수로, 일치하는 하나의 키를 전달한다. keys 인수를 사용하면 키의 배열을 전달할 수 있다. 또한 startkey와 endkey를 대신 전달해 키의 범위를 쿼리할 수도 있다. 결과를 제한하고 싶다면, limit와 skip 인수를 사용해 결과의 개수를 한정하거나 또는 결과의 n번째 항목을 건너뛸 수도 있다.

문서의 ID를 알고 있다면, 크래들의 get 메서드를 사용해 직접 객체를 가져올 수도 있다.

```
db.get(id, function(error, doc) {
  console.log(doc);
});
```

뷰의 쿼리 작업에 대한 자세한 내용은 http://wiki.apache.org/couchdb/HTTP_
view_API#Querying_Options에서 카우치DB의 위키[wiki]를 참조한다.

Node.js와 크래들로 카우치DB 문서 업데이트하기

크래들 모듈은 기존 문서를 업데이트할 수 있는 merge 메서드를 정의하고 있다.

예제 수행

다음은 ID를 지정해 kf6gpe-7에서 kf6gpe-9까지의 레코드의 call(호출부호)을 변경하
고 새로운 데이터와 병합하는 예제를 보여준다.

```
var call = "kf6gpe-7";

db.merge(id, {call: 'kf6gpe-9'}, function(error, doc) {
  db.get(id, function(error, doc) {
    console.log(doc);
  });
});
```

함수에서 볼 수 있듯이, merge는 병합할 레코드의 ID와 기존 객체를 교체하거나 추가
할 자바스크립트 객체를 필드와 함께 받는다. 또한 작업이 완료되면 merge 메서드에
의해 호출되는 콜백을 전달한다. 오류 발생 시 error 값은 0이 아닌 값이 되고 문서
가 두 번째 인수로 반환된다. 예제에서는 단순히 콘솔에 수정된 문서의 내용을 기록
했다.

Node.js와 크래들로 카우치DB 문서 삭제하기

레코드를 제거하려면 크래들 모듈의 `remove` 메서드를 사용해 삭제하고자 하는 문서의 ID를 전달하면 된다.

예제 수행

다음은 삭제의 예를 보여준다.

```
db.remove(id);
```

ID를 전달하면 ID에 해당하는 문서를 삭제한다.

부연 설명

하나 이상의 문서를 삭제하려면 모든 문서를 반복해 수행하면 된다. 다음 코드는 모든 문서를 삭제하는 예를 보여준다.

```
db.all(function(err, doc) {
  for(var i = 0; i < doc.length; i++) {
    db.remove(doc[i].id, doc[i].value.rev, function(err, doc) {
      console.log('Removing ' + doc._id);
    });
  }
});
```

예제는 `remove`의 복잡한 사용 예로, 문서의 ID와 문서의 리비전, 콜백을 받아 콘솔에 삭제된 각 문서의 ID를 기록한다.

REST로 카우치DB 레코드 열거하기

REST 시맨틱으로 객체의 컬렉션의 모든 콘텐츠를 가져오기 위해서는 `GET` 요청을 컬렉션의 루트에 전송하기만 하면 된다. CORS가 활성화된 제이쿼리를 사용하면 웹 클라이언트에서 카우치DB로 한 번의 호출로 가능하다.

다음은 카우치DB 뷰의 모든 항목을 열거하고 테이블로 각 객체의 필드 일부를 보여
주는 HTML과 제이쿼리, 자바스크립트를 보여준다.

```html
<!DOCTYPE html>
<html>
<head>
<script src="//code.jquery.com/jquery-1.11.2.min.js"></script>
<script src="//code.jquery.com/jquery-migrate-1.2.1.min.js"></script>
</head>
<body>

<p>Hello world</p>
<p>
  <div id="debug"></div>
</p>
<p>
  <div id="json"></div>
</p>
<p>
  <div id="result"></div>
</p>

<button type="button" id="get" onclick="doGet()">Get</button><br/>
<form>
  Id: <input type="text" id="id"/>
  Rev: <input type="text" id="rev"/>
  Call: <input type="text" id="call"/>
  Lat: <input type="text" id="lat"/>
  Lng: <input type="text" id="lng"/>
  <button type="button" id="insert"
    onClick="doUpsert('insert')">Insert</button>
  <button type="button" id="update"
    onClick="doUpsert('update')">Update</button>
  <button type="button" id="remove"
    onClick="doRemove()">Remove</button>
```

```
</form><br/>

<script>

function doGet() {
  $.ajax({
    type: "GET",
    url:
"http://localhost:5984/documents/_design/stations/_view/byCall",
    dataType:"json",
  })
  .done(function(result) {
    $('#json').html(JSON.stringify(result));
    var resultHtml = '<table><tr><td><b>id</b></td>';
    resultHtml += '<td><b>revision</b></td><td><b>call</b></td>';
    resultHtml += '<td><b>lat</b></td><td><b>lng</b></td></tr>';
    for(var i = 0; i < result.rows.length; i++)
    {
      var item = result.rows[i]
      resultHtml += "<tr>";
      resultHtml += "<td>" + item.id + "</td>";
      resultHtml += "<td>" + item.value._rev + "</td>";
      resultHtml += "<td>" + item.value.call + "</td>";
      resultHtml += "<td>" + item.value.lat + "</td>";
      resultHtml += "<td>" + item.value.lng + "</td>";
      resultHtml += "</tr>";
    }
    $('#result').html(resultHtml);
});
}
</script>
</html>
```

HTML은 간단하다. 제이쿼리를 포함하고 있으며 요청의 결과를 표시하는 세 개의 div 영역을 정의한다. 그런 다음, 문서의 ID와 리비전, 호출 부호, 위도와 경도의 필드로 폼을 정의하고, 레코드의 목록을 구하고, 삽입과 업데이트를 수행하고 레코드를 삭제하는 버튼을 각각 추가한다.

이 작업을 위해 정의된 byCall 뷰가 필요하다(Node.js로 데이터 뷰를 설정하는 방법은 'Node.js와 크래들로 카우치DB 데이터 뷰 설정하기' 예제를 참조한다). 이 코드는 뷰의 베이스 URL에 HTTP GET을 요청하고 반환된 자바스크립트 객체를 받아(제이쿼리를 사용해 JSON에서 파싱) 테이블로 만든다(하나의 URL을 얻기 위해 URL에 특정 키를 추가한다).

REST 응답의 형식은 크래들을 사용해 컬렉션을 쿼리한 경우와 조금 다르다. 크래들에 의해 다듬어진 결과가 아닌 카우치DB의 실제 응답을 보게 된다. 결과는 다음과 같다.

```
{"total_rows":1,"offset":0,
  "rows":[
    {"id":"80b20994ecdd307b188b11e223001e64",
"key":"kf6gpe-7",
      "value":{
"_id":"80b20994ecdd307b188b11e223001e64",
"_rev":"1-60ba89d42cc4bbc1301164a6ae5c3935",
"call":"kf6gpe-7","lat":37,"lng":-122
      }
    }
  ]
}
```

특히 total_rows 필드는 컬렉션의 결과에 얼마나 많은 행이 있는지 나타내고, offset 필드는 첫 번째 행이 반환되기 전에 건너뛴 행의 개수를, 그리고 rows 배열은 뷰의 맵에 의해 생성된 각각의 키-값 쌍을 포함한다. rows 필드는 맵 항목을 생성하는 고유한 ID인 ID 필드와 맵 연산에 의해 보내지는 키, 그리고 맵 연산에 의해 보내지는 레코드를 가진다.

데이터베이스의 베이스 URL에 GET 요청을 수행하면, 데이터베이스의 전체 레코드가 아닌 조금 다른 결과인 데이터베이스의 정보를 얻는다.

```
{"db_name":"documents",
"doc_count":5,
"doc_del_count":33,
"update_seq":96,
"purge_seq":0,
"compact_running":false,
"disk_size":196712,
"data_size":6587,
"instance_start_time":"1425000784214001",
"disk_format_version":6,
"committed_update_seq":96
}
```

이 필드는 실행 중인 카우치DB의 버전에 따라 다를 수 있다.

참고 사항

카우치DB의 HTTP REST 인터페이스에 대한 정보는 http://wiki.apache.org/couchdb/HTTP_Document_API의 문서를 참조한다.

REST로 카우치DB 검색하기

REST로 카우치DB를 검색하려면 뷰와 인덱스 생성에 사용한 맵을 사용한다. 그런 다음 HTTP GET을 요청한다.

예제 수행

다음과 같이 앞에서 특정 호출 부호 검색을 위해 작성했던 doGet 함수를 수정한다.

```
function doGet(call) {
  $.ajax({
    type: "GET",
```

```
    url:
"http://localhost:5984/documents/_design/stations/_view/byCall" +
        (call != null & call != '') ? ( '?key=' + call ) : '' ),
      dataType:"json",
  })
  .done(function(result) {
    $('#json').html(JSON.stringify(result));
    var resultHtml = '<table><tr><td><b>id</b></td>';
    resultHtml += '<td><b>revision</b></td><td><b>call</b></td>';
    resultHtml += '<td><b>lat</b></td><td><b>lng</b></td></tr>';
    for(var i = 0; i < result.rows.length; i++)
    {
      var item = result.rows[i]
      resultHtml += "<tr>";
      resultHtml += "<td>" + item.id + "</td>";
      resultHtml += "<td>" + item.value._rev + "</td>";
      resultHtml += "<td>" + item.value.call + "</td>";
      resultHtml += "<td>" + item.value.lat + "</td>";
      resultHtml += "<td>" + item.value.lng + "</td>";
      resultHtml += "</tr>";
    }
    $('#result').html(resultHtml);
  });
}
```

예제 분석

이 중 중요한 부분은 doGet에 전달하는 인수 call과 GET 요청에 전달되는 URL의 작성
이다. 전체 컬렉션을 가져오는 데 null이나 비어있는 call을 어떻게 확인하는지에 주
목한다. 특히 컬렉션이 큰 경우에는 오류를 다르게 보고할 필요도 있다.

이 작업을 수행하기 전에 뷰가 존재해야 한다. 대부분의 애플리케이션에서 여러 클라이언트가 존재하고, 여러 클라이언트에서 동일한 뷰를 반복해서 업데이트할 필요가 없기 때문에, 클라이언트에 뷰를 포함하는 것보다 Node.js를 사용해 처음 데이터베이스를 업데이트할 때 뷰를 생성하고, 변경이 있을 때만 뷰를 업데이트하는 것을 선호한다.

REST로 카우치DB 문서 업서트하기

업서트^{upsert}를 수행하고자 할 때 크래들의 merge 메서드와 동일한 REST는 없다. 대신 삽입은 HTTP POST 요청으로 처리하고 업데이트는 PUT 요청으로 처리한다.

예제 수행

다음은 HTML 페이지의 폼 엘리먼트를 살펴보고 데이터베이스의 새로운 문서를 생성하거나 이미 존재할 경우 기존 문서를 업데이트하고 ID와 리비전 필드를 전달하는 HTML과 doUpsert 메서드를 보여준다.

```
<!DOCTYPE html>
<html>
<head>
<script src="//code.jquery.com/jquery-1.11.2.min.js"></script>
<script src="//code.jquery.com/jquery-migrate-1.2.1.min.js"></script>
</head>
<body>

<p>Hello world</p>
<p>
  <div id="debug"></div>
</p>
<p>
  <div id="json"></div>
</p>
<p>
  <div id="result"></div>
```

```
</p>

<button type="button" id="get" onclick="doGet()">Get</button><br/>
<form>
  Id: <input type="text" id="id"/>
  Rev: <input type="text" id="rev"/>
  Call: <input type="text" id="call"/>
  Lat: <input type="text" id="lat"/>
  Lng: <input type="text" id="lng"/>
  <button type="button" id="insert"
    onClick="doUpsert('insert')">Insert</button>
  <button type="button" id="update"
    onClick="doUpsert('update')">Update</button>
  <button type="button" id="remove"
    onClick="doRemove()">Remove</button>
</form><br/>

<script>

function doUpsert();
{
  var value = {};
  var which = null;
  id = $('#id').val();

  if (id != '') {
    which = 'insert';
  }

  value.call = $('#call').val();
  value.lat = $('#lat').val();
  value.lng = $('#lng').val();

  if (which != 'insert') {
    value._rev = $('#rev').val();
    value._id = id;
  }
```

```
$('#debug').html(JSON.stringify(value));

var reqType = which == 'insert' ? "POST" : "PUT";
var reqUrl = "http://localhost:5984/documents/" +
  (which == 'insert' ? '' : id);

$.ajax({
  type: reqType,
  url: reqUrl,
  dataType:"json",
  headers: { 'Content-Type' : 'application/json' },
  data: JSON.stringify(value)
})
.done(function(result) {
  $('#json').html(JSON.stringify(result));
  var resultHtml = which == 'insert' ? "Inserted" : "Updated";
  $('#result').html(resultHtml);
})
}
</script>
</html>
```

예제 분석

doUpsert 메서드는 PUT 또는 POST 요청 중 하나를 사용해 서버로 보낼 비어 있는 자바스크립트 객체를 정의하는 것으로 시작한다. 다음으로 폼 필드의 값을 추출한다. 만약 id 필드가 ID로 설정돼 있는 경우, insert가 아닌 업데이트로 가정하고 rev라는 리비전 필드의 콘텐츠를 가져온다.

ID 값이 설정돼 있지 않다면 insert 동작이므로 요청 유형을 POST로 설정한다. 업데이트의 경우 요청 유형을 PUT으로 설정해 카우치DB에 업데이트임을 알린다.

다음으로 URL을 구성한다. 문서 업데이트에 대한 URL은 업데이트할 문서의 ID를 포함해야 한다. 이를 통해 카우치DB가 업데이트할 문서를 알 수 있다.

마지막으로 앞에서 정의한 유형(PUT 또는 POST)으로 AJAX 요청을 수행한다. 물론 서버로 보내는 자바스크립트 문서를 JSON으로 인코딩하고 문서가 JSON으로 보내지는 것을 알려주는 헤더를 포함해야 한다.

반환된 값은 다음과 같이 삽입된 문서의 ID와 리비전revision으로 구성된 JSON 문서(제이쿼리에 의해 자바스크립트 객체로 변환된)다.

```
{ "ok":true,
  "id":"80b20994ecdd307b188b11e223001e64",
  "rev":"2-e7b2a85adef5e721634bdf9a5707eb42"}
```

 문서 업데이트 요청은 문서의 현재 리비전과 ID를 모두 포함하고 있어야 한다. 그렇지 않으면 PUT 요청은 HTTP 409 오류로 실패한다.

REST로 카우치DB 문서 삭제하기

문서를 RESTful로 삭제하려면 삭제할 문서의 ID와 리비전을 HTTP DELETE 요청으로 보내면 된다.

예제 수행

다음은 이전 예제의 HTML 폼을 사용해 폼 필드에서 ID와 리비전을 추출하고 간단한 오류 검증 수행 및 지시된 ID와 리비전의 문서를 삭제하는 요청을 서버로 보내는 스크립트를 보여준다.

```
function doRemove()
{
  id = $('#id').val();
  rev = $('#rev').val();
  if (id == '')
  {
    alert("Must provide an ID to delete!");
    return;
```

```
  }
  if (rev == '')
  {
    alert("Must provide a document revision!");
    return;
  }

  $.ajax({
    type: "DELETE",
    url: "http://localhost:5984/documents/" + id + '?rev=' + rev,
  })
  .done(function(result) {
    $('#json').html(JSON.stringify(result));
    var resultHtml = "Deleted";
    $('#result').html(resultHtml);
  })
}
```

예제 분석

코드는 폼 엘리먼트에서 ID와 리비전을 추출하고 하나라도 비어 있는 경우 오류 대
화 상자를 팝업하는 것으로 시작한다. 다음으로 AJAX HTTP DELETE 요청을 구성한다.
URL은 데이터베이스 문서의 URL과 ID 및 rev 인수로 전달된 문서의 리비전을 포함
한다. ID와 리비전을 정확하게 지정했다면 업데이트의 경우와 동일하게 삭제된 문서
의 ID와 리비전을 응답으로 받고, 실패하면 HTTP 오류 메시지를 받는다.

7

타입세이프한 방법으로 JSON 사용하기

7장에서는 1장의 예제를 가지고 C#과 자바 그리고 타입스크립트로 어떻게 강력한 타입strong typing을 사용하는지 보여준다.

7장에서 다루는 내용은 다음과 같다.

- ▶ Json.NET을 사용해 객체를 역직렬화하기
- ▶ Json.NET을 사용해 날짜와 시간 객체 처리하기
- ▶ 자바 gson을 사용해 객체를 역직렬화하기
- ▶ Node.js에서 타입스크립트 사용하기
- ▶ 타입스크립트를 사용한 간단한 타입 어노테이션
- ▶ 타입스크립트를 사용해 인터페이스를 선언하는 방법
- ▶ 타입스크립트를 사용해 인터페이스 클래스를 선언하는 방법
- ▶ json2ts를 사용해 JSON에서 타입스크립트 인터페이스 생성하기

소개

프로그래밍 언어에서 강력한 타입은 객체를 전혀 다른 객체로 가정했을 때 발생할 수 있는 모든 오류를 방지하는 데 도움을 준다. C#이나 자바 같은 언어는 바로 이런 이유로 강력한 타입을 제공한다.

다행히 C# 및 자바의 JSON 직렬화기[serializer]는 강력한 타입을 지원한다. 이미 객체 표현을 잘 알고 있어 단순히 JSON을 이미 정의한 클래스의 인스턴스로 매핑할 경우 특히 유용하다. 1장에서 C#이나 자바 클래스를 JSON으로 변환하는 방법뿐 아니라 JSON을 지정되지 않은 객체로 다시 변환하는 방법도 알아보았다. 7장에서는 C# 및 gson용 Json.NET을 사용해 JSON을 애플리케이션에서 정의한 클래스의 인스턴스로 변환한다.

마지막으로 컴파일 시 타입을 검사해 Node.js와 브라우저에서 사용할 수 있는 일반 자바스크립트로 변환하는 자바스크립트의 확장인 타입스크립트를 알아본다. Node.js용 타입스크립트를 설치하는 방법과 타입스크립트로 타입과 인터페이스를 어노테이션[annotation]하는 방법, 그리고 티미 코케[Timmy Kokke]의 웹 페이지를 사용해 JSON 객체에서 자동으로 타입스크립트 인터페이스를 생성하는 방법을 알아본다.

Json.NET을 사용해 객체를 역직렬화하기

이번 예제에서는 뉴톤소프트[Newtonsoft]의 Json.NET을 사용해 JSON을 클래스의 인스턴스인 객체로 역직렬화하는 방법을 보여준다. 이는 기존의 .NET JSON 직렬화기[serializer]로도 가능하지만, 다음 두 예제에서 설명할 Json.NET에 대해 몇 가지 알려주고 싶은 것들이 있기 때문에 1장에서 언급한 Json.NET을 사용한다.

준비

시작에 앞서 먼저 프로젝트에 Json.NET의 참조가 있는지 확인한다. 가장 쉬운 방법은 뉴겟[NuGet]을 사용하는 것이다. 다음 스크린샷과 같이 뉴겟을 실행하고 Json.NET을 찾아 Install을 클릭한다.

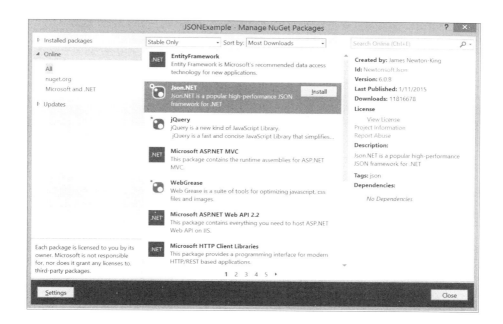

또한 이 클래스를 필요로 하는 모든 파일의 맨 위에 using 지시문으로 Newonsoft.
Json 네임스페이스의 참조를 추가해야 한다.

```
usingNewtonsoft.Json;
```

예제 수행

다음은 JSON 문자열을 클래스의 인스턴스로 변환하고, 인스턴스를 다시 JSON으로
변환하는 간단한 클래스의 구현 예를 보여준다.

```
using System;
usingNewtonsoft.Json;

namespaceJSONExample
{

  public class Record
  {
    public string call;
```

```
    public double lat;
    public double lng;
  }

  class Program
  {
    static void Main(string[] args)
    {
      String json = @"{ 'call': 'kf6gpe-9',
      'lat': 21.9749, 'lng': 159.3686 }";

      var result = JsonConvert.DeserializeObject<Record>(
        json, newJsonSerializerSettings
          {
      MissingMemberHandling = MissingMemberHandling.Error
        });
      Console.Write(JsonConvert.SerializeObject(result));

      return;
      }
  }
}
```

예제 분석

타입세이프한 방법으로 JSON을 역직렬화하기 위해 JSON과 동일한 필드를 가진 클래스가 필요하다. 처음 몇 줄에 정의돼 있는 Record 클래스가 call과 lat, lng 필드를 정의해 이 작업을 수행한다.

Newtonsoft.Json 네임스페이스는 JsonConvert 클래스를 정적 메서드인 SerializeObject 및 DeserializeObject와 함께 제공된다. DeserializeObject는 일반적인 메서드로, 반환되는 객체의 유형을 나타내는 type 인수와, 파싱할 JSON, 그리고 JSON 파싱에 대한 옵션을 표시하는 선택 인수를 받는다. 필드가 빠진 이벤트의 열거 Error의 값을 지시하는 MissingMemberHandling 속성을 설정으로 전달하면, 파

서는 예외를 발생시킨다. 클래스를 파싱한 후, JSON으로 다시 변환하고 결과 JSON
을 콘솔로 출력한다.

MissingMember 옵션이나 Ignore(디폴트)의 전달을 빠뜨리면 JSON의 필드 이름과
클래스가 일치하지 않게 될 것이다. 이는 타입세이프한 변환에서 원하지 않는 결과
다. 또한 Include나 Ignore의 값과 함께 NullValueHandling 필드를 전달할 수 있다.
필드가 null 값으로 채워진 Include나, Null 값으로 채워진 Ignore는 무시된다.

Json.NET에 대한 전체 문서는 http://www.newtonsoft.com/json/help/html/
Introduction.htm를 참조한다.

타입세이프한 역직렬화는 .NET 직렬화기를 사용해 JSON 지원도 가능하다. 구문은
비슷하다. 예제는 https://msdn.microsoft.com/en-us/library/system.web.script.
serialization.javascriptserializer(v=vs.110).aspx에서 JavaScriptSerializer의 문서를
참조한다.

Json.NET을 사용해 날짜와 시간 객체 처리하기

자바스크립트의 날짜는 일반적으로 사람들이 읽을 수 없는 기원으로부터의 밀리초로
표시되기 때문에 문제가 있다. 자바스크립트 파서별로 다르게 처리한다. Json.NET
은 날짜와 시간을 ISO 포맷으로 제공해주는 멋진 IsoDateTimeConverter 함수가 있
어 자바스크립트보다 사람이 읽거나 플랫폼에서 파싱하기 쉽다. 이 메서드를 확장해
JONS 속성의 어떤 형식의 데이터도 변환할 수 있게 만든다. 새로운 converter 객체
를 생성하고 converter 객체를 사용해 객체를 다른 형식으로 변환한다.

다음과 같이 `JsonConvert.Serialize`를 호출할 때 새로운 `IsoDateTimeConverter` 객체를 포함한다.

```
string json = JsonConvert.SerializeObject(p,
newIsoDateTimeConverter());
```

이 코드는 직렬화기가 날짜와 시간 객체의 인스턴스와 함께 `IsoDateTimeConverter` 인스턴스를 호출해 JSON으로 다음과 같은 ISO 문자열을 반환한다.

```
2015-07-29T08:00:00
```

자바스크립트가 아닌 Json.NET으로 파싱할 수 있음을 명심하자. 자바스크립트에서 는 다음과 같은 함수를 사용한다.

```
Function isoDateReviver(value) {
  if (typeof value === 'string') {
  var a = /^(\d{4})-(\d{2})-(\d{2})T(\d{2}):(\d{2}):(\d{2}(?:\.\d*)?)
(?:([\+-])(\d{2})\:(\d{2}))?Z?$/
  .exec(value);
  if (a) {
    var utcMilliseconds = Date.UTC(+a[1],
         +a[2] - 1,
         +a[3],
         +a[4],
         +a[5],
         +a[6]);
      return new Date(utcMilliseconds);
   }
  }
return value;
}
```

세 번째 줄의 정규 표현식이 각 필드를 추출해 ISO 형식의 일치하는 날짜를 찾는다. 정규 표현식이 일치하는 항목을 찾으면, 새로운 날짜를 만드는 Date 클래스의 UTC 메서드에서 사용되는 각각의 date 필드를 추출한다.

 책에서는 너무 길어 한 줄에 나타내지 못했지만, / 문자 사이에 있는 전체 정규 표현식은 공백 문자 없이 하나의 줄로 기술돼야 한다.

참고 사항

Json.NET이 날짜와 시간을 처리하는 방법에 대한 자세한 정보는 http://www.newtonsoft.com/json/help/html/SerializeDateFormatHandling.htm에 있는 문서와 예제를 참조한다.

자바 gson을 사용해 객체를 역직렬화하기

Json.NET처럼 gson도 JSON 객체를 역직렬화할 수 있는 목적 클래스를 지정하는 방법을 제공한다. 사실 1장의 '자바에서 JSON을 읽고 쓰기' 예제에서 사용했던 메서드와 동일하다.

준비

다른 외부 API를 사용할 때와 마찬가지로 애플리케이션에 gson JAR 파일을 포함해야 한다.

예제 수행

다음과 같이 두 번째 인수로 class 객체를 gson에 전달하는 것만 제외하고는, gson에서 타입세이프하지 않은 JSON을 파싱할 때 사용했던 동일한 fromJson 메서드를 사용한다.

```
// 다음과 같은 Record 클래스를 가정한다
/*
class Record {
  private String call;
  private float lat;
  private float lng;
    // 공용 API로 이들 필드에 접근
}
*/

Gson gson = new com.google.gson.Gson();
String json = "{ \"call\": \"kf6gpe-9\",
\"lat\": 21.9749, \"lng\": 159.3686 }";
Record result = gson.fromJson(json, Record.class);
```

예제 분석

fromGson 메서드는 항상 자바 클래스를 인수로 받는다. 1장에서는 JSON의 일반적인 동적 특성을 처리하는 JsonElement 클래스를 역직렬화했다. 이번 예제에서는 애플리케이션에서 gson이 제공하는 JsonElement의 역참조와 형변환 인터페이스 없이도 사용할 수 있는 일반적인 구형 자바 객체로 직접 변환한다.

부연 설명

gson 라이브러리는 중첩된 타입과 배열도 처리할 수 있다. 또한 임시적인transient 필드는 직렬화되지 않기 때문에 transient로 선언해 직렬화나 역직렬화로부터 필드를 숨길 수도 있다.

참고 사항

gson과 gson이 제공하는 클래스의 역직렬화 인스턴스에 대한 문서는 https://sites.google.com/site/gson/gson-user-guide#TOC-Object- Examples를 참조한다.

Node.js에서 타입스크립트 사용하기

비주얼 스튜디오 2013 업데이트 2 이후 버전에서는 타입스크립트가 설치에 기본으로 포함돼 있어 쉽게 사용할 수 있다. Node.js용 타입스크립트 컴파일러 역시 npm install로 쉽게 설치할 수 있다.

예제 수행

명령행에서 다음 명령을 실행한다.

```
npm install -g typescript
```

npm의 -g 옵션은 타입스크립트를 전역으로 설치하게 지시한다. 따라서 작성하는 모든 Node.js 애플리케이션에서 사용할 수 있다. 이 명령을 실행하면 npm이 플랫폼에 맞는 타입스크립트 컴파일러 바이너리를 다운로드해 설치한다.

부연 설명

이 명령을 실행해 컴파일러를 설치하면, 명령줄에서 타입스크립트 컴파일러 tsc를 사용할 수 있다. tsc로 파일을 컴파일하는 것은 소스 코드를 작성하는 것만큼이나 쉬우며 .ts 확장자로 끝나는 파일에 저장한다. 예를 들어 다음과 같이 hello.ts 파일에 저장된 타입스크립트가 있다면,

```
function greeter(person: string) {
  return "Hello, " + person;
}

var user: string = "Ray";

console.log(greeter(user));
```

명령행에서 tschello.ts를 실행하면 다음과 같은 자바스크립트를 생성한다.

```
function greeter(person) {
  return "Hello, " + person;
```

```
}

var user = "Ray";

console.log(greeter(user));
```

직접 시도해보자.

다음 섹션에서 살펴보겠지만, greeter 함수의 선언에는 하나의 타입스크립트 어노테이션을 포함하고 있다. 인수 person을 string으로 선언한다. hello.ts의 맨 아래에 다음 줄을 추가한다.

```
console.log(greeter(2));
```

이제 tschello.ts 명령을 다시 실행하면 다음과 같은 오류가 발생한다.

```
C:\Users\rarischp\Documents\node.js\typescript\hello.ts(8,13):
error TS2082: Supplied parameters do not match any signature
of call target:
        Could not apply type 'string' to argument 1 which is
        of type 'number'.
C:\Users\rarischp\Documents\node.js\typescript\hello.ts(8,13):
error TS2087: Could not select overload for 'call' expression.
```

오류는 greeter에 문자열 대신 숫자를 전달해, 잘못된 유형의 값으로 greeter를 호출하고 있음을 알려준다. 다음 예제에서 타입스크립트가 지원하는 간단한 타입 어노테이션에 대해 알아본다.

참고 사항

다음 타입스크립트 홈페이지에는 튜토리얼과 참조 문서를 포함하고 있다.

http://www.typescriptlang.org/

타입스크립트로 타입 어노테이션^{type annotation}을 주는 것은 간단해서 변수나 함수 뒤에 콜론을 추가하고 타입을 지정하면 된다. 인터페이스와 클래스의 선언에 자바스크립트와 동일한 기본형^{primitive type}을 지원하며, 이에 대해서는 다음에 설명하겠다.

예제 수행

다음은 몇 개의 변수와 두 개의 함수를 선언하는 간단한 예제를 보여준다.

```
function greeter(person: string): string {
  return "Hello, " + person;
}

function circumference(radius: number) : number {
  var pi: number = 3.141592654;
  return 2 * pi * radius;
}

var user: string = "Ray";

console.log(greeter(user));
console.log("You need " +
circumference(2) +
  " meters of fence for your dog.");
```

이 예제는 함수와 변수를 어노테이션하는 방법을 보여준다.

예제 분석

변수(독립형 또는 함수의 인수 모두)는 콜론 뒤에 타입을 지정해 어노테이션한다. 예를 들어 첫 번째 함수인 greeter는 person이라는 문자열 인수를 받는다. 두 번째 함수 circumference는 숫자로 된 radius를 인수로 받고 숫자인 pi를 선언해 값으로 3.141592654를 지정한다.

자바스크립트와 같은 일반적인 방법으로 함수를 선언하고, 콜론과 타입을 사용해 함수 이름 뒤에 타입 어노테이션을 추가한다. 따라서 `greeter`는 문자열을 반환하고, `circumference`는 숫자를 반환한다.

부연 설명

타입스크립트는 자바스크립트 타입으로 매핑하는 다음과 같은 기본 타입 장식자^{decorator}를 정의한다.

- `array`: 복합형이다. 예를 들어, 다음과 같이 문자열 리스트를 작성할 수 있다.

  ```
  var list:string[] = [ "one", "two", "three"];
  ```
- `boolean`: 이 타입 장식자는 `true` 또는 `false` 값을 가진다.
- `number`: 자바스크립트처럼 어떤 부동 소수점 숫자도 올 수 있다.
- `string`: 문자열을 나타낸다.
- `enum`: 열거를 나타낸다. `enum` 키워드는 다음과 같이 사용한다.

  ```
  enumColor { Red = 1, Green, Blue };
  var c : Color = Color.Blue;
  ```
- `any`: 변수가 어떤 타입도 될 수 있음을 나타낸다.
- `void`: 값의 타입이 없음을 나타낸다. 함수의 반환 값이 없을 때 `void`를 사용한다.

참고 사항

타입스크립트의 타입에 대해서는 http://www.typescriptlang.org/Handbook에서 타입스크립트 핸드북을 참조한다.

타입스크립트를 사용해 인터페이스를 선언하는 방법

인터페이스는 구현의 정의가 아닌 동작을 정의한다. 타입스크립트에서 인터페이스는 인터페이스가 가진 필드를 기술함으로써 복잡한 타입을 지정한다. 이것은 구조적 서브타이핑^{structural subtyping}으로 알려져 있다.

인터페이스의 선언은 구조나 클래스의 선언과 유사하다. 다음 예제처럼 각각의 타입으로 인터페이스의 필드를 정의한다.

```
interface Record {
  call: string;
  lat: number;
  lng: number;
}
Function printLocation(r: Record) {
  console.log(r.call + ': ' + r.lat + ', ' + r.lng);
}

var myObj = {call: 'kf6gpe-7', lat: 21.9749, lng: 159.3686};

printLocation(myObj);
```

타입스크립트의 interface 키워드는 인터페이스를 정의한다. 앞에서 언급한 바와 같이, 인터페이스는 각각의 타입으로 정의된 필드로 구성돼 있다. 예제에서는 자바스크립트 객체 myObj를 정의하고 Record를 인수로 받는 printLocation 함수를 호출한다. myObj로 printLocation를 호출하면 타입스크립트 컴파일러는 각각의 필드와 타입을 확인하고 객체가 인터페이스와 일치하는 경우에만 printLocation 호출을 허용한다.

타입스크립트는 컴파일 타입 검사만 제공함을 명심해두자. 다음 코드의 결과는 무엇일까?

```
interface Record {
  call: string;
```

```
    lat: number;
    lng: number;
}

Function printLocation(r: Record) {
    console.log(r.call + ': ' + r.lat + ', ' + r.lng);
}

var myObj = {call: 'kf6gpe-7', lat: 21.9749, lng: 159.3686};
printLocation(myObj);

var json = '{"call":"kf6gpe-7","lat":21.9749}';
var myOtherObj = JSON.parse(json);
printLocation(myOtherObj);
```

먼저 tsc로 컴파일하는 데는 문제가 없다. 노드로 실행하면 다음과 같은 결과를 얻는다.

```
kf6gpe-7: 21.9749, 159.3686
kf6gpe-7: 21.9749, undefined
```

무슨 일이 일어난 걸까? 타입스크립트 컴파일러는 런타임 타입 검사를 실시하지 않는다. 따라서 리터럴literal이 아닌 런타임에 생성된 객체를 인터페이스에 추가할 수 없다. 예제에서, lng 필드가 JSON에서 누락됐기 때문에, 함수는 이 값을 출력할 수 없어 대신 undefined를 출력한다.

그러나 이것이 타입스크립트에서 JSON을 사용할 수 없다는 것을 의미하는 것은 아니다. 타입 어노테이션은 코드의 모든 독자(컴파일러, 사람 모두)를 대상으로 한다. 타입 어노테이션을 사용해 개발자의 의도를 나타내면, 코드의 독자는 코드의 디자인과 한계를 더 잘 이해할 수 있다.

참고 사항

인터페이스에 대한 더 자세한 정보는 http://www.typescriptlang.org/Handbook#interfaces에서 타입스크립트 문서를 참조한다.

인터페이스는 구현이 아닌 동작을 지정할 수 있다. 클래스는 인터페이스의 세부사항을 캡슐화해준다. 타입스크립트 클래스는 다른 언어의 클래스처럼 필드나 메서드를 캡슐화할 수 있다.

예제 수행

다음은 인터페이스 클래스로 된 Record 구조의 예제다.

```
class RecordInterface {
  call: string;
  lat: number;
  lng: number;

  constructor(c: string, la: number, lo: number) {}
  printLocation() {}
}

class Record implements RecordInterface {
  call: string;
  lat: number;
  lng: number;

  constructor(c: string, la: number, lo: number) {
    this.call = c;
    this.lat = la;
    this.lng = lo;
  }

  printLocation() {
    console.log(this.call + ': ' + this.lat + ', ' + this.lng);
  }
}
```

```
var myObj : Record = new Record('kf6gpe-7', 21.9749, 159.3686);

myObj.printLocation();
```

예제 분석

interface 키워드는 이전 섹션에서 본 것처럼 인터페이스를 정의한다. 아직 알아보지는 않았지만 class 키워드는 클래스를 구현한다. 선택 사항인 implements 키워드는 이 클래스가 인터페이스 RecordInterface를 구현하고 있음을 나타낸다.

인터페이스를 구현하는 클래스는 반드시 인터페이스와 동일한 모든 필드와 메서드를 가지고 있어야 한다. 그렇지 않으면 인터페이스의 요구사항을 만족하지 못한다. 결과로 예제의 Record 클래스는 메서드 생성자constructor와 printLocation뿐만 아니라 인터페이스와 동일한 타입의 call과 lat, lng 필드도 포함한다.

생성자 메서드는 new를 사용해 새로운 클래스의 인스턴스를 생성할 때 호출하는 특별한 메서드다. 일반 객체와 달리 클래스는 필드와 값의 컬렉션으로 구축하는 것보다 생성자를 사용해 생성하는 것이 올바른 방법이다. 예제의 끝에서 두 번째 행에서, 클래스 생성자에 함수 인수로 생성자 인수를 전달해 이를 실행한다.

참고 사항

클래스로 상속을 정의하거나 공개 또는 비공개 필드와 메서드를 생성하는 것과 같은 여러 작업을 할 수 있다. 타입스크립트의 클래스에 대한 더 자세한 정보는 http://www.typescriptlang.org/Handbook#classes의 문서를 참조한다.

json2ts를 사용해 JSON에서 타입스크립트 인터페이스 생성하기

마지막 예제는 예제라기보다 팁에 가깝다. 직접 작성하거나 또는 다른 프로그래밍 언어로 개발한 JSON이 있다면, 티미 코케[Timmy Kokke]의 json2ts 웹사이트를 통해 JSON을 포함하는 객체의 타입스크립트 인터페이스를 쉽게 생성할 수 있다.

예제 수행

http://json2ts.com를 방문해 화면에 보이는 박스에 JSON을 붙여 넣고 **generate TypeScript** 버튼을 클릭한다. 그러면 두 번째 텍스트 박스에 타입스크립트의 정의를 보여준다. 이 결과를 파일로 저장하고 타입스크립트 애플리케이션에 포함할 수 있다.

예제 분석

다음 그림은 간단한 예를 보여준다.

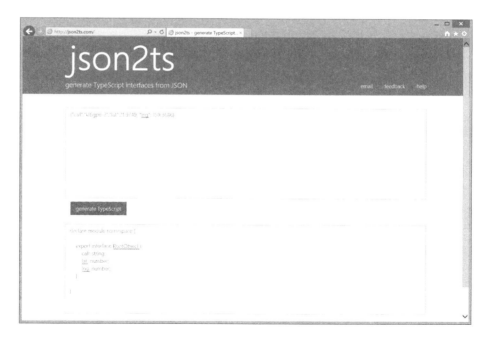

결과 타입스크립트를 접미사 .d.ts의 definition 파일로 저장하고, 다음과 같이 import 키워드를 사용해 타입스크립트에서 모듈을 포함할 수 있다.

```
import module = require('module');
```

8

바이너리 데이터 전송에 JSON 사용하기

8장에서는 JSON과 바이너리 데이터 사이의 교차점에 대해 알아본다.

8장에서 다루는 내용은 다음과 같다.

▶ Node.js를 사용해 base64 문자열로 바이너리 데이터 인코딩하기

▶ Node.js를 사용해 base64 문자열에서 바이너리 데이터 디코딩하기

▶ 브라우저에서 자바스크립트를 사용해 바이너리 데이터를 base64 문자열로 인코딩하고 디코딩하기

▶ Json.NET을 사용해 데이터를 BSON으로 인코딩하기

▶ Json.NET을 사용해 BSON에서 데이터 디코딩하기

▶ DataView를 사용해 ArrayBuffer에 접근하기

▶ ArrayBuffer를 사용해 base64 인코딩하고 디코딩하기

▶ 익스프레스 모듈을 사용해 구축한 Node.js 서버에서 객체 본문 콘텐츠 압축하기

JSON을 사용할 때 바이너리 표현을 고려하는 두 가지 이유는 일반적으로 다음과 같다. 애플리케이션 내에서 바이너리 데이터를 이동시키거나 전송할 JSON의 크기를 고려해야 할 경우다.

첫 번째 경우, JSON이 텍스트 기반으로 데이터를 표현하는 것을 원칙으로 하고 있어 기존 JSON 규격이 바이너리 데이터를 위한 컨테이너 포맷을 제공하지 않기 때문에 쉽지 않다. 바이너리 데이터를 인쇄 가능한 캐릭터 문자열으로 렌더링하는 base64 같은 다른 포맷으로 인코딩하거나, 또는 바이너리 데이터를 지원하는 바이너리 JSON(BSON) 같은 JSON의 확장을 사용할 수 있다.

BSON은 JSON의 시맨틱을 사용하지만 데이터를 바이너리 형식으로 나타낸다. 따라서 값이 다른 키-값의 쌍이나 배열, 문자열, 또는 심지어 바이너리 데이터로 돼 있는 (중첩된) 키-값 쌍의 맵과 같은 동일한 기본 구조를 사용할 수 있다. 그러나 일반 텍스트 인코딩을 사용하는 대신, 작은 데이터 크기와 기본적으로 바이너리 객체를 지원하는 바이너리 포맷을 사용한다(BSON에 대한 자세한 사항은 http://bsonspec.org/를 참고한다). BSON의 단점은 기본적으로 자바스크립트에서 지원하지 않고, 바이너리 포맷이기 때문에 검사가 쉽지 않다는 점이다. 이번 장에서는 인기 있는 Json.NET 라이브러리로 BSON을 사용하는 방법을 알아본다.

두 번째 방법은 바이너리 데이터를 텍스트와 호환되는 포맷으로 인코딩하는 것이다. base64는 인터넷에서 수년 동안 다양한 용도로 사용돼온 인코딩 매커니즘으로, 최신 브라우저와 Node.js에서 모두 지원된다. 이번 장에서는 최신 브라우저와 Node.js를 사용해 base64로 변환하는 예제를 다룬다. 하지만 바이너리 정보를 텍스트로 나타낼 경우 전송할 데이터의 크기를 증가시키기 때문에 주의해야 한다. 이는 데이터 팽창을 의미한다.

애플리케이션에서 JSON의 사용을 고려하는 사람들의 공통의 우려사항은 BSON이나 프로토콜 버퍼protocol buffer 또는 직접 조정한 바이너리 표현 같은 바이너리 포맷과 비교했을 때의 JSON 패키지의 크기다. 하지만 비록 바이너리 표현보다 크더라도 JSON은 사람이 읽을 수 있고(특히 디버깅에 유용하다), 명확한 의미와 다양한 라이브러리 지원 등의 장점이 있다. 공백을 최소화하고 단축키 이름을 사용하면 JSON의 크기를 줄이는 데 도움이 된다. 최근 내가 작업했던 프로젝트에서 테스트한 결과, 표준 HTTP 압축을 사용해 JSON을 압축했을 때 어떤 바이너리 표현보다 더 많은 메모리를 절약할 수 있었고, 서버와 클라이언트 측 모두에서 구현 또한 쉬웠다.

메모리 절약 목적으로 BSON이나 압축 또는 사용자 정의 포맷의 바이너리를 사용하면, JSON의 가장 유용한 속성 중 하나인 자기 문서화self-documentation를 사용할 수 없게 된다는 점을 명심해라.

Node.js를 사용해 base64 문자열로 바이너리 데이터 인코딩하기

JSON으로 클라이언트에 전달해야 할 바이너리 데이터가 있는 경우, 인쇄 가능한 8비트 값만으로 표현되는 인터넷에서 공통적인 방법인 base64로 변환할 수 있다. Node.js는 이를 위해 Buffer 객체와 base64 인코더, 디코더를 제공한다.

예제 수행

먼저 버퍼를 할당하고 다음과 같이 base64로 인코딩하고자 하는 문자열을 지정해 문자열로 변환한다.

```
var buffer = newBuffer('Hello world');
var string = buffer.toString('base64');
```

예제 분석

Node.js Buffer 클래스는 Node.js V8 런타임 힙heap의 외부에서 옥텟octets의 컬렉션을 래핑한다. 순수한 바이너리 데이터로 작업할 필요가 있을 때 언제든지 Node.js에서 사용할 수 있다. 예제의 첫 줄은 문자열 Hello world로 채워진 버퍼를 만든다.

Buffer 클래스는 버퍼로 인코딩하는 방법을 하나의 인자를 받는 toString 메서드를 포함한다. 예제에서는 base64를 전달했지만, 다음 값들 중 하나를 전달할 수 있다.

- ▶ ascii: 각 옥텟의 상위 비트를 제거하고 나머지 7비트를 ASCII로 변환한다.
- ▶ utf8: 멀티 바이트 유니코드로 인코딩돼야 함을 나타낸다.
- ▶ utf16le: 2 또는 4 바이트 리틀 엔디언$^{little-endian}$ 유니코드 문자다.
- ▶ hex: 각 옥텟을 16진수 값의 두 문자로 인코딩한다.

참고 사항

Node.js의 `Buffer` 클래스의 문서는 https://nodejs.org/api/buffer.html를 참조한다.

Node.js를 사용해 base64 문자열에서 바이너리 데이터 디코딩하기

Node.js에는 `Buffer.toString`과 반대되는 메서드가 없다. 대신, base64 데이터를 데이터가 base64로 인코딩돼 있음을 나타내는 플래그와 함께 직접 버퍼 생성자로 전달한다.

준비

책의 예제를 실행하려면, `Buffer.compare` 메서드를 사용하기 위해 `buffertools` 모듈이 설치돼 있어야 한다. 다음과 같이 명령 프롬프트에서 npm을 실행시킨다.

npm install buffertools

base64 데이터의 디코딩을 위해 Node.js의 버퍼 생성자^{constructor}를 사용하는 경우에는 이 작업이 필요 없다.

예제 수행

원래의 버퍼를 첫 번째 메시지의 base64로 초기화된 버퍼와 비교한다.

```
require('buffertools').extend();

var buffer = new Buffer('Hello world');
var string = buffer.toString('base64');
```

```
console.log(string);

var another = new Buffer('SGVsbG8gd29ybGQ=', 'base64');
console.log(b.compare(another) == 0);
```

예제 분석

코드의 첫 번째 행은 Buffer 인터페이스를 확장한 buffertools 모듈을 포함한다. 이는 마지막 줄에서 버퍼 도구의 Buffer.compare을 사용하기 위해 필요하다. base64 디코딩 자체에는 필요하지 않다.

다음 두 행은 Buffer 객체를 생성하고 다음 행을 콘솔에 기록하는 base64 표현을 구한다.

마지막으로 두 번째 Buffer 객체를 만들어 base64 데이터로 초기화하고 base64를 전달해 초기화하는 데이터가 버퍼로 디코딩되도록 지시한다. 마지막 행에서 두 버퍼를 비교한다. 버퍼 도구의 compare 메서드는 순서를 비교한다. 즉, 두 버퍼가 동일한 데이터를 포함하고 있을 경우 0을 반환하고, 첫 번째 버퍼의 데이터의 정렬 순서가 낮을 경우 -1을, 높을 경우 1을 반환한다.

참고 사항

buffertools 모듈과 이 모듈의 구현에 대해서는 https://github.com/bnoordhuis/node-buffertools#를 참조한다.

브라우저에서 자바스크립트를 사용해 바이너리 데이터를 base64 문자열로 인코딩하고 디코딩하기

자바스크립트의 기본 구현은 base64 인코딩이나 디코딩을 포함하지 않는다. 그러나 모든 최신 브라우저는 base64 데이터를 디코딩하고 인코딩할 수 있는 atob와 btoa 메서드를 포함하고 있다. 이들 메서드는 자바스크립트 런타임에서 정의된 window 객체의 메서드다.

예제 수행

메서드만 호출하면 되기 때문에 아주 쉽다.

```
var encodedData = window.btoa("Hello world");
var decodedData = window.atob(encodedData);
```

예제 분석

btoa 함수는 문자열을 받아 그 문자열의 base64 인코딩을 반환한다. 이는 window 객체의 메서드로 네이티브 브라우저 코드를 호출한다. atob 함수는 반대로 base64로 된 문자열을 받아 바이너리 데이터 문자열을 반환한다.

참고 사항

btoa와 atob의 요약 정보는 https://developer.mozilla.org/en-US/docs/Web/API/WindowBase64/Base64_encoding_and_decoding의 모질라 개발자 웹사이트를 참조한다(문서는 모질라에서 제공하고 있지만, 이들 window 메서드는 대부분의 최신 브라우저에서 정의하고 있다).

Json.NET을 사용해 데이터를 BSON으로 인코딩하기

연결의 양 측면에서 인코더 및 디코더를 구현한 경우, BSON 인코딩은 JSON의 합리적인 대안이 될 수 있다. 불행하게도, 쓸만한 자바스크립트용 인코더 및 디코더는 아직 없지만 .NET 및 C++을 포함한 다른 많은 플랫폼에서 구현이 존재한다. C#에서 Json.NET과 BSON을 이용해 클래스를 인코딩하는 방법을 살펴보자.

준비

먼저 애플리케이션에서 Json.NET 어셈블리[assembly]를 사용할 수 있어야 한다. 7장의 'Json.NET을 사용해 객체를 역직렬화하기' 예제에서 살펴본 바와 같이, 가장 쉬운 방법은 뉴겟을 사용하는 것이다. 아직 준비되지 않았다면 예제의 단계를 따라 Json.NET 어셈블리를 추가한다.

예제 수행

인코딩하고자 하는 클래스가 있으면, Json.NET을 사용해 BSON을 쉽게 인코딩할 수 있다.

```
public class Record {
  public string Callsign { get; set; }
  public double Lat { get; set; }
  public double Lng { get; set; }
}
…
var r = new Record {
  Callsign = "kf6gpe-7",
  Lat = 37.047,
  Lng = 122.0325
};

var stream = new MemoryStream();
using (var writer = new Newtonsoft.Json.Bson.BsonWriter(ms))
{
```

```
    var serializer = new Newonsoft.Json.JsonSerializer();
    serializer.Serialize(writer, r);
}
```

다른 타입세이프한 JSON 변환과 같이 변환할 필드를 가진 클래스를 정의하는 것으로 시작하는 것이 가장 쉬운 방법이다. 예제에서는 간단한 Record 클래스를 정의하고, 인코딩할 record를 생성한다.

다음으로 인코딩된 데이터를 담을 MemoryStream과 메모리 스트림에 쓸 BsonWriter 객체를 생성한다. 물론 어떤 .NET 스트리밍 인터페이스 구현도 BsonWriter 인스턴스와 잘 동작할 것이다. 원한다면 대신 파일로 쓸 수도 있다. 그런 다음, 실제 직렬화기인 JsonSerializer의 인스턴스를 생성하고 이를 사용해 라이터writer로 생성한 record를 직렬화한다. 실제 직렬화는 블록으로 래핑해 동작이 끝날 때 라이터가 사용한 리소스(스트림은 아님)는 즉시 .NET 런타임에 의해 정리된다.

BsonWriter 클래스의 문서는 뉴톤소프트의 홈페이지 http://www.newtonsoft. com/json/help/html/T_Newtonsoft_Json_Bson_BsonWriter.htm에서 볼 수 있다.

Json.NET을 사용해 BSON에서 데이터 디코딩하기

Json.NET을 사용해 반대로 BSON을 디코딩할 수도 있다. 디코딩할 데이터를 기술하는 클래스와 바이너리 데이터의 블랍blob으로 데이터를 읽을 리더reader를 호출한다.

물론 이를 위해 프로젝트에서 Json.NET 어셈블리의 참조가 필요하다. 뉴켓을 사용해 Json.NET의 참조를 애플리케이션에 추가하는 방법은 7장의 'Json.NET을 사용해 객체를 역직렬화하기' 예제를 참조한다.

예제 수행

스트림을 시작으로 BsonReader를 JsonSerializer와 함께 사용해 BSON을 역직렬화한다. BSON 데이터의 byte[]를 데이터로 가정한다.

```
MemoryStream ms = new MemoryStream(data);
using (var reader = new Newtonsoft.Json.Bson.BsonReader(ms))
{
  var serializer = new Newtonsoft.Json.JsonSerializer();
  var r = serializer.Deserialize<Record>(reader);

  // r을 사용
}
```

예제 분석

스트림에서 실제 데이터를 읽는 데 BsonReader를 사용하고, 이렇게 수신한 데이터에서 MemoryStream를 생성한다. 읽기는 Record 클래스의 새로운 인스턴스의 리더를 사용해 역직렬화하는 JsonSerializer에 의해 수행된다.

부연 설명

애플리케이션에서 역직렬화한 데이터를 나타내는 클래스가 없을 수 있다. 이는 자신의 데이터 전송 시맨틱을 정의할 때, 개발 초기에 종종 발생하는 일이다. JsonObject 인스턴스를 역직렬화하는 데 Deserialize 메서드를 사용할 수 있다. 그다음 JsonObject의 인터페이스를 사용해 개별 필드 값을 구한다. JsonObject에 대한 자세한 정보는 http://www.newtonsoft.com/json/help/html/T_Newtonsoft_Json_
JsonObjectAttribute.htm에서 Json.NET 문서를 참조한다.

`BsonReader` 문서는 http://www.newtonsoft. com/json/help/html/T_Newtonsoft_
Json_Bson_BsonReader.htm의 뉴톤소프트 홈페이지에서 볼 수 있다.

DataView를 사용해 ArrayBuffer에 접근하기

때로는 JSON 대신 순수한 바이너리 데이터로 작업이 필요할 때가 있다. 자바스크립
트는 XMLHttpRequest 객체에서의 획득과 같이 메모리의 배열 버퍼에 정해진 타입으
로 접근할 수 있는 DataView 추상화를 제공한다.

준비

먼저 XMLHttpRequest 객체에 의해 반환된 것과 같은 ArrayBuffer 데이터가 필요하
다. 이것으로 DataView를 생성하고 이 DataArray를 사용해 데이터 뷰에 타입 배열
typed array을 생성해 관심 있는 바이트만 추출한다. 예제를 살펴보자.

예제 수행

다음은 간단한 예제를 보여준다.

```
var req = new XMLHttpRequest();
req.open("GET", url, true);
req.responseType = "arraybuffer";
req.onreadystatechange = function () {
  if (req.readyState == req.DONE) {
    var arrayResponse = req.response;
    var dataView = new DataView(arrayResponse);
    var ints = new Uint32Array(dataView.byteLength / 4);
```

```
        // ints 안에서 각각의 int를 처리

    }
}
req.send();
```

예제 분석

가장 먼저 XMLHttpRequest 객체의 responseType에 주목하자. 예제에서 이것을 다시 반환되는 바이트의 원시 버퍼를 ArrayBuffer 클래스의 인스턴스로 표현하도록 지시하는 arraybuffer로 설정한다. 요청을 만들고, done 핸들러에서 응답의 DataView를 생성한다.

DataView는 ArrayBuffer 객체에서 바이너리 데이터를 읽고 쓸 수 있는 다른 뷰를 생성할 수 있는 추상화 객체다.

DataView는 다음 중 하나로 ArrayBuffer 객체 보기를 지원한다.

▶ Int8Array: 8비트 2의 보수로 된 부호 있는 정수 배열
▶ Uint8Array: 8비트 부호 없는 정수 배열
▶ Int16Array: 16비트 2의 보수로 된 부호 있는 정수 배열
▶ Uint16Array: 16비트 부호 없는 정수 배열
▶ Int32Array: 32비트 2의 보수로 된 부호 있는 정수 배열
▶ Uint32Array: 32비트 부호 없는 정수 배열
▶ Float32Array: 32비트 부동 소수점 숫자 배열
▶ Float64Array: 64비트 부동 소수점 숫자 배열

DataView에서 이들 배열 중 하나를 구성하는 것 외에도, 구하고자 하는 위치의 오프셋을 대응되는 게터[getter]함수에 전달해, DataView에서 개별 8비트, 16비트 정수 또는 31비트나 64비트 부동 소수점에 접근할 수 있다. 예를 들어, getInt8은 지정한 위치에서 Int8를 반환하고, getFloat64는 지정한 오프셋의 대응되는 64비트 부동 소수점 숫자를 반환한다.

ArrayBuffer와 DataView가 마이크로소프트 인터넷 익스플로러의 특정한 기능은 아니지만, 마이크로소프트의 MSDN 사이트에서 이에 대한 잘 정리된 문서를 제공하고 있다. https://msdn.microsoft.com/en-us/library/br212463(v=vs.94).aspx에서 DataView 메서드에 대한 정보를 확인하거나, https://msdn.microsoft.com/library/br212485(v=vs.94).aspx에서 타입 배열typed array에 대한 개요를 참조할 수 있다.

ArrayBuffer를 사용해 base64 인코딩하고 디코딩하기

바이너리 데이터에 ArrayBuffer와 DataView를 사용하고 base64 문자열로 바이너리 데이터를 전송하려고 한다면, https://developer.mozilla.org/en-US/docs/Web/API/WindowBase64/Base64_encoding_and_decoding#Solution_.232_.E2.80.93_rewriting_atob%28%29_and_btoa%28%29_using_TypedArrays_and_UTF-8에서 모질라가 작성한 함수를 사용할 수 있다. UTF-8 인코딩 및 디코딩을 수행하는 strToUTF8Arr과 UTF8ArrToStr 함수뿐만 아니라, base64 문자열과 배열 버퍼 사이를 변환해주는 base64EncArr와 base64DecToArr도 제공한다.

예제 수행

다음은 텍스트 문자열을 UTF-8로 인코딩하고, 텍스트를 base64로 변환해 base64 결과를 보여주고, 마지막으로 UTF-8을 일반 문자열로 다시 변환하기 전에 base64를 UTF-8 데이터의 ArrayBuffer로 변환하는 상호 변환 예제를 보여준다.

```
var input = "Base 64 example";

var inputAsUTF8 = strToUTF8Arr(input);

var base64 = base64EncArr(inputAsUTF8);

alert(base64);
```

```
var outputAsUTF8 = base64DecToArr(base64);

var output = UTF8ArrToStr(outputAsUTF8);

alert(output);
```

예제 분석

모질라 웹사이트에서 정의하고 있는 4개의 함수는 다음과 같다.

▶ `base64EncArr` 함수는 바이트의 `ArrayBuffer`를 base64 문자열로 인코딩한다.

▶ `base64DecToArr` 함수는 base64 문자열을 바이트의 `ArrayBuffer`로 디코딩한다.

▶ `strToUTF8Arr` 함수는 문자열을 `ArrayBuffer`의 UTF-8로 인코딩된 문자의 배열로 인코딩한다.

▶ `UTF8ArrToStr`함수는 UTF-8 인코딩 문자의 `ArrayBuffer`를 받아 문자열을 인코딩해 반환한다.

익스프레스 모듈을 사용해 구축한 Node.js 서버에서 객체 본문 콘텐츠 압축하기

JSON을 사용할 때 바이너리 표현을 사용하는 주된 이유가 공간 때문이라면, 대신 압축을 사용하는 것을 심각하게 고려해볼 필요가 있다. 압축으로 바이너리 표현과 유사한 절감 효과를 얻을 수 있다. 대부분의 서버와 HTTP 클라이언트에서 gzip이 구현돼있고 애플리케이션의 디버깅이 완료된 후 투명한 레이어로 추가할 수도 있다. 여기서는 JSON 객체 본문과 익스프레스 모듈과 Node.js 기반으로 구축된 인기 있는 익스프레스 서버에서 전송된 객체에 압축을 추가하는 방법에 대해 알아본다.

먼저 익스프레스와 압축 모듈이 설치돼 있는지 확인한다.

```
npm install express
npm install compression
```

작업공간에 있는 모든 Node.js 애플리케이션에서 사용할 수 있게 하려면 install -g
를 실행한다.

서버의 진입점에 있는 express 모듈을 초기화할 때, compression을 가져와 express
에 이를 사용하도록 명시한다.

```
var express = require('express')
var compression = require('compression')
var app = express()
app.use(compression())

// 추가 익스프레스 설정 기술
```

서버를 설정하는 데 익스프레스 모듈을 사용하는 방법에 대한 자세한 정보는 5장의
'Node.js용 익스프레스 모듈 설치' 예제를 참조한다.

HTTP 헤더로 클라이언트에서 HTTP로 전송된 객체 본체의 압축을 풀 수 있는지 여
부를 지시할 수 있다. 그리고 모든 최신 브라우저는 gzipped 객체 본체를 처리할 수
있다. 익스프레스로 구축된 서버에 compress를 포함하면, 클라이언트가 웹 API 요청
의 일부로 압축된 JSON을 요청하고 응답으로 압축된 JSON을 수신할 수 있게 해준다.
대부분의 경우 클라이언트의 변경은 필요 없다. 자체 HTTP 구현으로 네이티브 클라
이언트를 작성한 경우라도 HTTP를 통해 gzip 압축 해제를 가능하게 하는 방법을 결
정하기 위해 문서를 확인하는 것이 좋다.

코드는 익스프레스 모듈을 요구하고 모듈을 압축하는 것으로 시작한다. 그런 다음, 클라이언트가 응답을 보낼 때 압축하도록 요청한 경우 선택적으로 압축을 사용하도록 익스프레스 모듈을 구성한다.

9

JSONPath와 LINQ로 JSON 쿼리하기

때로는 JSON 블랍을 클래스로 파싱하고 모든 필드로 작업하기보다는 JSON 형식의 데이터에서 하나 또는 두 개의 필드만 추출하기를 원할 때가 있다. JSONPath 또는 LINQ(Json.NET 사용)로 가능하다.

9장에서는 다음과 같은 내용을 다룬다.

▶ JSONPath 도트 표기법을 사용해 JOSN 문서 쿼리하기

▶ JSONPath 브래킷 표기법을 사용해 JSON 문서 쿼리하기

▶ JSONPath 스크립트를 사용해 더 복잡한 쿼리 구성하기

▶ 웹 애플리케이션에서 JSONPath 사용하기

▶ Node.js 애플리케이션에서 JSONPath 사용하기

▶ PHP 애플리케이션에서 JSONPath 사용하기

▶ 파이썬 애플리케이션에서 JSONPath 사용하기

▶ 자바 애플리케이션에서 JSONPath 사용하기

▶ C# 애플리케이션에서 JSONPath와 SelectToken을 사용해 JSONPath 표현식 쿼리하기

▶ C# 애플리케이션에서 LINQ와 Json.NET을 사용해 JSON 쿼리하기

XML의 가장 큰 장점 중 하나는 XML 문서의 하위 섹션을 쿼리할 수 있는 쿼리지향 언어인 XPath를 사용할 수 있다는 점이다. 스테판 고스너^{Stefan Goessner}는 JSON 문서에서 애플리케이션이 필요로 하는 비트만 추출하게 해주는 XPath와 유사한 기능을 가진 JSONPath 쿼리 언어를 제안했다.

아직 파싱이 필요하다는 것에 주목하라. JSONPath 구현은 적어도 유사한 메모리와 런타임 특성과 함께 JSON 파싱을 필요로 한다. 그러나 개발하고 있는 플랫폼에 맞는 JSONPath 라이브러리가 있다면, JSONPath는 전체 클래스를 목킹^{mocking}할 필요 없이 JSON 값의 컬렉션을 통해 하나의 필드나 두 개 또는 요약 필드를 추출해 가독성 좋은 코드를 만들 수 있다.

마이크로소프트 플랫폼에서 개발해왔다면, 열거된 데이터 구조에 대한 선언적 쿼리를 작성할 수 있는 마이크로소프트의 **언어 독립적 쿼리**^{LINQ, Language Independent Query} 언어를 잘 알고 있을 것이다. .NET에서 JSON 파싱의 구현이 기본적인 LINQ 지원만 제공하는 반면, Json.NET 라이브러리의 구현은 LINQ뿐만 아니라 JSON 문서에 선언적 쿼리를 사용할 수 있게 해주는 JSONPath도 지원한다.

JSONPath 또는 LINQ를 사용하려면, 이를 지원하는 라이브러리가 필요하다. 이 책을 쓴 시점에 Node.js나 PHP, C#, 파이썬, 자바에서 JSONPath를 지원하는 여러 라이브러리가 있었다. 물론 LINQ를 사용하려면 C#이나 F#, 비주얼 베이직 같은 언어를 사용해 .NET 플랫폼에서 애플리케이션을 실행해야 한다. 따라서 대부분의 예제는 다음 두 단계를 따른다. JSONPah를 지원하는 라이브러리를 다운로드하고 다음 단계로 애플리케이션에서 JSONPath 코드를 호출한다.

대부분의 JSONPath 예제는 가상 서점의 레코드로 이루어진 고스너^{Goessner}의 예제 문서를 사용한다. 9장에서도 이 예제를 그대로 사용한다. 예제의 JSON 문서는 다음과 같다.

```
{ "store": {
    "book": [
        { "category": "reference",
        "author": "Nigel Rees",
```

```json
      "title": "Sayings of the Century",
      "price": 8.95
    },
      { "category": "fiction",
      "author": "Evelyn Waugh",
      "title": "Sword of Honour",
      "price": 12.99
    },
      { "category": "fiction",
      "author": "Herman Melville",
      "title": "Moby Dick",
      "isbn": "0-553-21311-3",
      "price": 8.99
    },
      { "category": "fiction",
      "author": "J. R. R. Tolkien",
      "title": "The Lord of the Rings",
      "isbn": "0-395-19395-8",
      "price": 22.99
    }
  ],
  "bicycle": {
    "color": "red",
    "price": 19.95
  }
  }
}
```

예제에서 볼 수 있듯이, 책들의 집합과 하나의 자전거를 가진 store 객체가 있다. 각각의 책은 카테고리와 저자, 제목, 가격으로 이뤄져 있다. 책의 레코드와 자전거의 레코드의 구조가 완전히 다르기 때문에 하나의 클래스로 이 JSON 문서를 표현하기는 어렵다. 이 문서를 파싱하고 탐색하는 데 1장과 2장에서 다룬 안전하지 않은 타입[type-unsafe] 쿼리 메서드를 사용할 수도 있지만 대부분의 애플리케이션에서 더 나은 선택은 JSONPath다. 개별 필드에 대한 문서를 쿼리하는 방법부터 알아본다.

JSONPath 도트 표기법을 사용해 JOSN 문서 쿼리하기

JSONPath는 JSON 문서의 필드를 탐색을 나타내는 데 도트 표기법^{dot-notation} 또는 브래킷 표기법^{bracket-notation}을 사용한다. 도트는 필드 이름을 객체 속성인 것처럼 구분한다.

예제 수행

다음은 도트 표기법의 몇 가지 예를 보여준다.

```
$.store.book[0].title
$.store.book[*].title
$.store..price
$..book[3]
```

예제 분석

첫 번째 줄은 가게의 첫 번째 (0부터 시작) 책을 참조해 title 필드를 반환한다. 두 번째 줄은 모든 책들의 제목을 반환하는 것을 제외하고는 비슷하다. 세 번째는 모든 레코드의 price 필드를 반환한다. 네 번째 예는 가게의 네 번째 책을 찾는다.

표기법은 ..과 *의 사용을 제외하고는 매우 직관적이다. 이것은 JSONPath에서 문서 전체를 나타내는 데 사용되는 특수 문자의 일부 예다.

부연 설명

JSONPath는 다음과 같이 쿼리를 작성할 때 사용할 수 있는 특수 문자를 정의한다.

- ▶ $ 기호는 루트 객체나 엘리먼트를 의미한다.
- ▶ @ 기호는 현재 객체나 엘리먼트를 의미한다.
- ▶ . 연산자^{operator}(도트 연산자)는 현재 엘리먼트의 자식 엘리먼트를 나타내는 데 사용한다.
- ▶ [] 연산자는 첨자 연산자^{subscript operator}로, 현재 엘리먼트의 자식 엘리먼트를 나타내는 데 사용한다(이름이나 인덱스로).

- ► * 연산자는 이름에 상관없이 모든 객체나 엘리먼트를 반환하는 와일드 카드다.
- ► , 연산자는 집합 연산자$^{\text{union operator}}$로, 자식이나 표시된 인덱스의 집합을 반환한다.
- ► : 연산자는 배열 슬라이스 연산자로, [start:end:step] 구문을 사용하면 컬렉션의 일부를 잘라내 하위 컬렉션을 반환한다.
- ► () 연산자는 기본으로 구현된 스크립트 언어의 스크립트 표현을 전달할 수 있게 해준다. 하지만 모든 JSONPath의 구현에서 지원되지는 않는다.

참고 사항

고스너^{Goessner}의 웹사이트 http://goessner.net/articles/JsonPath/에서 최종 JSONPath 문서를 확인할 수 있다. 물론 선택한 특정 플랫폼의 세부적인 JSONPath의 구현을 확인해야 한다.

웹에서 편리한 JSONPath 표현 테스터를 사용할 수 있다. 이 중 하나가 http://jsonpath.curiousconcept.com/이다. JSON과 JSONPath 표현식을 테스터에 붙여 넣으면 JSONPath를 평가해 그 결과를 확인할 수 있다. 처음 시작할 때 JSONPath 표현식을 동적으로 디버깅할 수 있는 가장 쉬운 방법이다. 다음은 예를 보여준다.

JSONPath 브래킷 표기법을 사용해 JSON 문서 쿼리하기

JSONPath는 도트 표기법처럼 필드를 쿼리할 수 있는 다른 방법인 브래킷 표기법 bracket을 제공한다. 구문은 연관 배열의 필드에 접근하는 방법과 유사하게 필드의 값을 구하기 위해 operator[]에 선택자로 필드 이름을 전달한다.

예제 수행

브래킷 표기법에서 다음과 같이 앞의 예제를 가져와 사용한다.

```
$['store']['book'][0].['title']
$['store']['book'][*].['title']
$['store']..['price']
$..['book'][3]
```

예제 분석

이전 예제에서 살펴본 바와 같이, 첫 번째 예제는 가게의 첫 번째 책의 제목을 추출한다. 두 번째는 예제는 가게의 모든 책의 제목을 추출한다. 세 번째 예는 가게의 모든 항목의 가격 필드의 컬렉션을 반환하고, 네 번째 예제는 가게의 네 번째 책을 반환한다.

JSONPath 스크립트를 사용해 더 복잡한 쿼리 구성하기

때때로 특정 기준을 만족하는 모든 항목의 쿼리가 필요할 때가 있다. JSONPath는 JSONPath에서 개별 필드의 간단한 비교 스크립트를 실행할 수 있는 ?() 프레디킷 predicate을 제공한다.

다음은 가격이 통화 단위 10보다 적은 모든 책을 쿼리하는 예다.

```
$.store.book[?(@.price < 10)].title
```

쿼리는 가게에 있는 모든 책의 항목을 지정하는 것으로 시작한다. 다음으로 ?() 프레디킷은 @ 선택자를 사용해 카테고리 내의 각 항목을 선택하고 현재 항목의 값을 구한 후, 가격이 10보다 작은 항목을 찾는다. 그런 다음 결과 항목의 제목 필드를 추출한다. 이 쿼리의 결과는 다음과 같다.

```
[
  "Sayings of the Century",
  "Moby Dick"
]
```

이와 같은 쿼리는 JSONPath의 모든 구현에서 동작하지는 않는다. http://jsonpath.curiousconcept.com/의 JSONPath 표현식 테스터로 확인해본 결과, JSONPath 0.1.1의 플로우^{flow} 통신을 사용했을 때는 동작하지만 고스너의 JSONPath 0.8.3 버전에서는 동작하지 않았다.

불 값^{Boolean}을 반환하는 어떤 표현식이라도 ?() 프레디킷에서 사용할 수 있다. 다음은 소설 카테고리에 해당하는 모든 책을 쿼리하는 다른 예를 보여준다.

```
$.store.book[?(@.category == "fiction")].title
```

시작은 모든 책을 선택하는 것으로 동일하다. 가격으로 필터링해 10보다 낮은 책을 반환하는 대신, 이 예제는 책의 카테고리 필드가 'fiction'에 해당하는 모든 책을 반환한다.

웹 애플리케이션에서 자바스크립트와 함께 JSONPath를 사용하는 것도 쉽다. 애플리케이션에서 `jsonpath.js` 구현을 포함하고, `jsonPath` 함수를 사용하면 된다.

준비

시작에 앞서, https://code.google.com/p/jsonpath/에서 자바스크립트 `jsonpath` 라이브러리를 다운로드하고 다음과 같이 script 태그를 써서 HTML 페이지에 포함시킨다.

```html
<html>
<head>
<title>…</title>
<script type="text/javascript" src="jsonpath.js"></script>
</head>
```

`jsonPath` 함수는 JSON 객체(문자열이 아닌 자바스크립트 객체로)를 받아 path 연산을 콘텐츠에 적용하고 일치하는 값이나 정규화된 경로를 반환한다. 예제를 살펴보자.

예제 수행

다음은 소개 절에서 살펴본 JSON 객체에서 제목의 목록을 반환하는 예제를 보여준다.

```javascript
var o = { /* 소개 섹션의 객체를 가져옴 */ };
var result = jsonPath(o, "$..title");
```

문자열로 된 객체라면 JSON.parse를 사용해 먼저 파싱해야 한다.

```javascript
var json = "…";
var o = JSON.parse(json);
var result = jsonPath(o, "$..title");
```

앞의 코드는 현재 전달된 객체의 모든 제목을 추출하는 데 jsonPath 함수를 사용한다. jsonPath 함수는 자바스크립트 객체와 경로, 그리고 옵션으로 반환값이 값인지 아니면 값에 대한 경로인지를 지시하는 결과 타입을 받는다. 물론 입력되는 객체는 구조적 객체 또는 배열이 될 수 있다.

참고 사항

JSONPath의 원 구현에 대한 고스너의 문서는 http://goessner.net/articles/JsonPath/를 참조한다.

Node.js 애플리케이션에서 JSONPath 사용하기

자바스크립트 JSONPath 구현을 포함하고 있는 npm 패키지를 사용할 수 있다. 따라서 Node.js에서 JSONPath를 사용하기를 원한다면 JSONPath 모듈을 설치하고 직접 호출하면 된다.

준비

JSONPath 모듈을 설치하려면, 현재 애플리케이션에서 모듈을 포함하도록 다음 명령을 실행한다.

```
npm install JSONPath
```

또는 시스템의 모든 프로젝트에서 사용할 수 있게 하려면 다음 명령을 실행한다.

```
npm install -g JSONPath
```

다음으로 소스 코드에서 다음과 같은 모듈이 필요하다.

```
var jsonPath = require('JSONPath');
```

이 코드는 JSONPath 모듈을 환경에 로드하고 이에 대한 참조를 jsonPath 변수에 저장한다.

Node.js용 JSONPath 모듈은 자바스크립트 객체와 경로를 받아 평가하는 eval 메서드를 가진다. 예를 들어 예제 문서에서 제목의 목록을 구하려면 다음 코드를 실행한다.

```
var jsonPath = require('JSONPath');

var o = { /* 소개 섹션의 객체를 가져옴 */ };
var result = jsonPath.eval(o, "$..title");
```

JSON에 경로를 문자열 형태로 적용하려면 먼저 파싱해야 한다.

```
var jsonPath = require('JSONPath');

var json = "…";
var o = JSON.parse(json);
var result = jsonPath.eval(o, "$..title");
```

JSONPath 모듈의 eval 메서드는 자바스크립트 객체(문자열을 포함하지 않는 JSON)를 받아 객체에서 반환한 경로를 적용한다.

Node.js용 JSONPath 모듈에 대한 문서는 https://www.npmjs.com/package/JSONPath를 참조한다.

PHP 애플리케이션에서 JSONPath 사용하기

JSONPath를 PHP 애플리케이션에 사용하려면 https://code.google.com/p/jsonpath/의 JSONPath PHP 구현을 포함시키고, jsonPath 함수로 데이터를 추출하고자 하는 JSONPath 경로를 적용하기 전에 JSON 문자열을 PHP 혼합 객체로 파싱해야 한다.

https://code.google.com/p/jsonpath/에서 `jsonpath.php`를 다운로드하고 `require_once` 명령문을 사용해 애플리케이션에 포함시킨다. 또한 PHP 구현이 `json_decode`를 포함하고 있는지 확인한다.

예제 수행

다음은 간단한 예제를 보여준다.

```html
<html>
<body>
<pre>
<?php
  require_once('jsonpath.php');
  $json = '…'; // from the introduction to this chapter
  $object = json_decode($json);
  $titles = jsonPath($object, "$..title");
  print($titles);
?>
</pre>
</body>
</html>
```

예제 분석

앞의 코드는 `jsonPath` 함수를 정의하는 PHP JSONPath 구현을 가져오는 것으로 시작한다. 그런 다음 `json_decode`를 사용해 JSON 문자열을 디코딩하고 `json_decode`가 반환한 혼합 PHP 객체에서 제목을 추출한다.

`jsonPath`의 자바스크립트 버전과 마찬가지로 PHP 버전은 세 개의 인수를 받는다. 세 개의 인수는 추출을 수행한 결과 객체와 추출할 경로, 그리고 데이터를 반환할지 또는 구조로 된 데이터 경로를 반환할지 여부를 지정하는 선택적인 세 번째 인수로 구성된다.

JSONPath의 PHP 구현에 대한 자세한 정보는 http://goessner.net/articles/
JsonPath/에서 스테판 고스너[Stefan Goessner]의 웹사이트를 참조한다.

파이썬 애플리케이션에서 JSONPath 사용하기

파이썬용 JSONPath의 구현도 많다. 가장 좋은 것은 경로가 퍼스트 클래스 언어 객체
가 되도록 언어 확장을 제공하는 jsonpath-rw 라이브러리다.

준비

pip를 사용해 jsonpath-rw 라이브러리를 설치한다.

```
pip install jsonpath-rw
```

물론 이에 필요한 라이브러리도 같이 설치해야 한다.

```
fromjsonpath_rw import jsonpath, parse
```

예제 수행

다음은 변수 object에 저장된 가게 콘텐츠를 사용하는 간단한 예를 보여준다.

```
>>> object = { … }

>>>path = parse('$..title')

>>> [match.value for match in path.find(object)]
['Sayings of the Century','Sword of Honour', 'Moby Dick',
  'The Lord of the Rings']
```

이 라이브러리를 사용해 경로 표현식을 처리하는 과정은 정규 표현식을 매칭하는 과정과 유사하다. JSONPath 표현식을 파싱한 다음, find 메서드를 사용해 잘게 쪼갤 파이썬 객체에 적용한다. 이 코드는 객체를 정의하고 경로에 저장된 경로 표현식을 생성하고, 모든 제목을 가져오는 JSONPath를 파싱한다. 마지막으로 전달한 객체에 있는 경로에 의해 발견된 값으로 배열을 만든다.

참고 사항

파이썬 JSONPath 라이브러리에 대한 문서는 https://pypi.python.org/pypi/jsonpath-rw를 참조한다.

자바 애플리케이션에서 JSONPath 사용하기

제이웨이Jayway가 작성한 자바용 JSONPath 구현도 있다. 깃허브GitHub 또는 프로젝트가 메이븐Maven 빌드 시스템을 사용한다면 중앙 메이븐 저장소Central Maven Repository에서도 구할 수 있다. 원본 JSONPath API와 일치하는 자바 객체와 JSON 객체의 필드 컬렉션을 반환한다.

준비

깃허브 https://github.com/jayway/JsonPath에서 코드를 다운로드하거나, 빌드 시스템으로 메이븐을 사용한다면 다음 종속성을 추가한다.

```
<dependency>
<groupId>com.jayway.jsonpath</groupId>
<artifactId>json-path</artifactId>
<version>2.0.0</version>
</dependency>
```

자바 구현은 JSON을 파싱하고, JSON을 읽는 read 메서드로 JsonPath 클래스를 내보내고 파싱한 다음, 전달한 경로에서 콘텐츠를 추출한다.

```
String json = "...";

List<String>titles = JsonPath.read(json,
"$.store.book[*].title");
```

read 메서드는 전달한 JSON을 파싱한 다음, JSON에서 추출한 값의 경로를 적용한다. 동일 문서에서 하나 이상의 경로를 추출해야 하는 경우, 문서를 한 번만 파싱하고 다음과 같이 파싱된 문서에서 read를 호출하는 것이 가장 좋은 방법이다.

```
String json = "...";

Object document =
Configuration.defaultCConfiguration().jsonProvider().parse(json));

List<String>titles = JsonPath.read(document,
  "$.store.book[*].title");
List<String>authors = JsonPath.read(document,
  "$.store.book[*].author");
```

자바 JSONPath 라이브러리 역시 read와 다른 JSONPath 라이브러리 메서드를 계속 호출할 수 있는 컨텍스트를 반환하는 다른 메서드들의 구현인 플루언트fluent 구문을 제공한다. 예를 들어 가격이 10보다 큰 책의 목록을 구하려면 다음 코드를 실행하면 된다.

```
List<Map<String, Object>>expensiveBooks = JsonPath
                        .using(configuration)
                        .parse(json)
                        .read("$.store.book[?(@.price > 10)]",
                         List.class);
```

이 코드는 configuration을 사용해 `JsonPath`를 구성하고, 전달한 JSON을 파싱한 후, 가격이 10보다 큰 모든 book 객체를 선택하는 경로 선택자로 read를 호출한다.

자바의 JsonPath 라이브러리는 결과 객체를 기대하는 있는 lists와 strings 같은 기본 클래스^{primitive class}에 캐스트하려고 시도한다. 결과 값이 하나의 객체인 경우에도 ..나 ?() 그리고 `[number:number:number]` 같은 일부 경로 연산은 항상 목록을 반환한다.

참고 사항

자바 JSONPath 구현에 대한 문서는 https://github.com/jayway/JsonPath를 참조한다.

C# 애플리케이션에서 JSONPath와 SelectToken을 사용해 JSONPath 표현식 쿼리하기

뉴톤소프트의 Json.NET 환경을 사용한다면, JSON 문서의 JSONPath 쿼리를 만드는 데 `SelectToken` 구현을 사용할 수 있다. 먼저 JSON을 `JObject`로 파싱한 다음 쿼리를 만든다.

준비

애플리케이션에 Json.NET 어셈블리를 포함시켜야 한다. 이를 위해 7장의 'Json.NET 을 사용해 객체를 역직렬화하기' 예제에서 설명한 단계를 따른다.

다음은 소개 절에서 보여준 예제에서 모든 책의 제목을 추출하고 첫 번째 결과를 구하는 방법을 보여준다.

```
using System;
using System.Collections.Generic;
using System.Linq;
  using Newtonsoft.Json.Linq;

// …

static void Main(string[] args)
{
  var obj = JObject.Parse(json);

  var titles = obj.SelectTokens("$.store.book[*].title");

  Console.WriteLine(titles.First());
}
```

JObject의 SelectTokens 메서드는 JSONPath 표현식을 받아 이를 객체에 적용한다. 예제에서는 최상위 $.store.book 경로와 일치하는 항목들로 JObject 인스턴스의 목록을 구성하고, Values 메서드를 호출해 각각의 반환된 JObject 인스턴스에 있는 title 필드의 문자열 값을 얻는다. 물론 먼저 원 JSON은 JObject.parse로 파싱해야 한다.

SelectTokens은 예제에서 First를 호출해서 하는 것처럼, LINQ 표현식을 사용해 다양한 처리를 할 수 있는 열거 컬렉션을 반환한다. 엄밀히 말하면, SelectTokens는 각각의 JToken이 하나의 JSON 컬렉션인 IEnumberable<JToken>을 반환한다. JObject 역시 단일 인스턴스를 반환하는 SelectToken 메서드를 제공한다.

하지만 SelectToken와 SelectTokens를 혼동하지 않도록 주의해야 한다. 후자가 필요한 경우 언제든지 JSONPath 쿼리에서 항목의 컬렉션을 반환할 수 있는데 비해 전자는 단일 `JToken`만을 반환할 수 있다.

필터링도 지원된다. 예를 들어, 책 모비딕에 대한 데이터를 포함하고 있는 `JObject`를 구하고자 한다면, 다음과 같이 작성할 수 있다.

```
var book = obj.SelectToken(
"$.store.book[?(@.title == 'Moby Dick')]");
```

이 예제는 `store` 필드의 `book` 컬렉션에서 `title`이 "Moby Dick"과 일치하는 문서를 선택한다.

참고 사항

`SelectToken`과 `SelectTokens`에 대한 더 자세한 설명과 예제는 제이슨 뉴톤킹의 웹사이트인 http://james.newtonking.com/archive/2014/02/01/json-net-6-0-release-1-%E2%80%93-jsonpath-and-f-support나 http://www.newtonsoft.com/json/help/html/QueryJsonSelectToken.htm에서 Json.NET 문서를 참조한다.

C# 애플리케이션에서 LINQ와 Json.NET을 사용해 JSON 쿼리하기

닷넷에서 개발하는 경우라면 JSONPath 대신 LINQ 지원과 필드 이름 기반의 Json.NET의 구독^{subscribe} 지원을 사용하길 원할 것이다. Json.NET은 LINQ를 아주 잘 지원해서 JSON에서 플루언트^{fluent}나 스테이트먼트^{statement} 구문 어떤 것으로든 원하는 대로 쿼리를 만들 수 있게 해준다.

준비

앞의 예제와 마찬가지로, .NET 프로젝트에서 Json.NET을 사용한다. 프로젝트에 Json.NET을 포함하려면, 7장의 'Json.NET을 사용해 객체를 역직렬화하기' 예제의 '준비' 섹션을 따른다.

JSON을 JObject로 파싱한다. 그러면 다음과 같이 결과 JObject를 LINQ 표현식으로 평가할 수 있다.

```
using System;
using System.Collections.Generic;
using System.Linq;
using Newtonsoft.Json.Linq;

static void Main(string[] args)
{
  var obj = JObject.Parse(json);
  var titles = from book in obj["store"]["book"]
      select (string)book["title"];

  Console.WriteLine(titles.First());
}
```

물론 LINQ이므로 플루언트 구문 역시 지원된다.

```
using System;
using System.Collections.Generic;
using System.Linq;
using Newtonsoft.Json.Linq;

static void Main(string[] args)
{
  var sum = obj["store"]["book"]
          .Select(x => x["price"])
          .Values<double>().Sum();

  Console.WriteLine(sum);
}
```

첫 번째 예제는 모든 `title` 객체를 선택하고, 결과를 반환하기 전에 각 `book` 필드를 문자열로 캐스팅한다. 두 번째 예제는 `book`의 모든 `price` 필드를 선택해 결괏값을 double로 캐스팅하고, `Sum` 메서드를 호출해 모든 book의 가격의 합을 구한다.

Json.NET LINQ 쿼리의 서브 필드의 일반적인 반환 형식은 `JObject`다. 따라서 플루언트 구문으로 표현식을 작성할 때, 이들 객체의 값을 구하기 위해서는 `JObject` 템플릿의 `Value`와 `Values` 메서드를 사용해야 한다. 합계를 계산하는 식은 다음과 같다.

```
var s = obj["store"]["book"].
  Select(x =>x["price"]).Sum();
```

하지만 선택된 결괏값이 직접 합산될 수 없는 `JObjects`의 목록이기 때문에, 이 표현식은 동작하지 않을 것이다.

 LINQ 표현식을 작성할 때 LINQPad(http://www.linqpad.net)가 특히 유용하다. 많은 LINQ와 JSON으로 작업한다면, 테스트 쿼리에 바로 Json.NET을 포함할 수 있도록 뉴겟(NuGet)과의 통합을 지원하는 개발자 버전이나 프리미엄 버전을 사용하는 것이 바람직하다.

LINQ와 Json.NET에 대한 자세한 정보는 http://www.newtonsoft.com/json/help/html/LINQtoJSON.htm에서 Json.NET 문서를 참조한다.

10

모바일 플랫폼에서의 JSON

오늘날 태블릿과 스마트폰 같은 디바이스는 세계 여러 지역에서 PC의 판매량을 능가하고 있으며, 이들 디바이스에서 동작하는 모바일 애플리케이션은 여러 다양한 영역을 다루고 있다. iOS 및 안드로이드 같은 플랫폼 덕분에, 이들 디바이스는 JSON을 생성하고 파싱하는 API를 플랫폼의 일부로 포함하고 있어 애플리케이션 개발자의 삶을 좀 더 편안하게 만들어준다.

10장에서는 다음과 같은 내용을 다룬다.

- ▶ 안드로이드에서 JSON 파싱하기
- ▶ 안드로이드에서 JSON 생성하기
- ▶ iOS의 오브젝티브-C에서 JSON 파싱하기
- ▶ iOS의 오브젝티브-C에서 JSON 생성하기
- ▶ 스위프트를 사용해 iOS에서 JSON 파싱하기
- ▶ 스위프트를 사용해 iOS에서 JSON 생성하기
- ▶ Qt를 사용해 JSON 파싱하기
- ▶ Qt를 사용해 JSON 생성하기

앞 장에서 알아본 바와 같이, JSON은 클라이언트가 웹 애플리케이션이든 기존 애플리케이션이든 상관없이 웹 서비스와 클라이언트와 통신할 수 있는 좋은 수단이다. 이는 대부분 낮은 대역폭의 광역 네트워크를 통해 실행되는 모바일 애플리케이션에서 특히 그렇다. XML에 비해 간결한 JSON은 전반적인 데이터 페이로드를 작게 만들어 원격 쿼리에 빠른 응답 시간을 보장한다.

오늘날 주요 모바일 플랫폼은 안드로이드와 iOS다. 안드로이드는 리눅스의 변종으로 자바 소프트웨어 개발을 지원하고 `org.json` 네임스페이스에서 JSON 프로세서를 포함한다. 마하[Mach]와 BSD에서 파생된 iOS는 애플리케이션 개발을 위해 오브젝티브-C와 스위프트[Swift], C, C++ 같은 대부분의 소프트웨어 개발을 지원하지만, JSON을 위해서는 JSON 파싱과 JSON 직렬화가 구현된 `NSJSONSerialization` 클래스 바인딩을 포함하는 오브젝티브-C나 스위프트를 사용한다.

모바일 개발자를 위한 추가 선택사항으로 Qt 같은 클로스 플랫폼 툴킷[toolkit]을 사용할 수 있다. Qt는 안드로이드와 iOS, 블랙베리[BlackBerry]를 포함한 다양한 플랫폼에서 실행된다. Qt는 JSON과 맵 사이의 상호 변환에 사용할 수 있는 `QJsonDocument`와 `QJsonObject` 클래스를 정의하고 있다. Qt는 오픈소스 프레임워크로 모바일 플랫폼뿐 아니라 맥 OS X 및 윈도우, 리눅스 같은 여러 플랫폼에서 동작한다.

다음 섹션에서 논의할 JSON은 앞에서 사용했던 것과 유사하여 다음과 같은 문서로 돼 있다.

```
{
  'call': 'kf6gpe-7',
  'lat': 37.40150,
  'lng': -122.03683
  'result': 'ok'
}
```

사용하고자 하는 플랫폼을 위한 소프트웨어 개발 환경을 정확하게 설정했다고 가정하고 다음 논의를 진행한다. 안드로이드 및 iOS, 그리고 Qt용 소프트웨어 환경을 설정하는 과정의 설명은 이 책의 범위를 벗어난다. 특정 모바일 플랫폼용 소프트웨어 개발에 관심이 있다면 안드로이드나 iOS용 개발자 리소스를 참조한다.

▶ iOS 개발자를 위한 애플의 개발자 사이트는 다음을 참조한다.
   https://developer.apple.com

▶ 안드로이드 개발자를 위한 구글의 개발자 사이트는 다음을 참조한다.
   http://developer.android.com/index.html

▶ Qt에 대한 정보는 다음을 참조한다.
   http://www.qt.io

안드로이드에서 JSON 파싱하기

안드로이드는 JSONObject 클래스를 제공한다. 이 클래스는 개념적으로 맵과 유사하고 JSON 객체의 이름있는 필드에 접근하는 게터getter와 세터setter 메서드를 통해 직렬화와 역직렬화를 포함하는 인터페이스를 통해 JSON 문서의 이름-값 쌍으로 표현할 수 있게 해준다.

예제 수행

파싱하고자 하는 JSON으로 JSONObject를 초기화하는 것으로 시작한다. 그런 다음 다양한 get 메서드를 사용해 JSON 필드의 값을 구한다.

```
Import org.json.JSONObject;

String json = "…";
JSONObject data = new JSONObject(data);

String call = data.getString("call");
double lat = data.getDouble("lat");
double lng = data.getDouble("lng");
```

JSONObject 생성자는 파싱할 JSON을 받고 JSON의 필드에 접근할 수 있는 접근자
accessor 메서드를 제공한다. 예제에서는 JSON의 call, lat, 그리고 lng 필드에 접근하
기 위해 getString과 getDouble 접근자를 각각 사용했다.

JSONObject 클래스는 다음과 같은 접근자를 정의한다.

▶ get 메서드: 지정된 슬롯의 값을 포함하고 있는 java.lang.Object의 서브 클래
   스를 반환

▶ getBoolean 메서드: 슬롯이 Boolean을 포함한 경우 Boolean을 반환

▶ getDouble 메서드: 슬롯이 double을 포함한 경우 double을 반환

▶ getInt 메서드: 슬롯이 int를 포함한 경우 int를 반환

▶ getJSONArray 메서드: 슬롯이 배열을 포함한 경우, 배열을 처리하는 JSON 파싱
   클래스인 JSONArray의 인스턴스를 반환

▶ getJSONObject 메서드: 슬롯이 다른 맵을 포함한 경우 JSONObject의 인스턴스
   를 반환

▶ getLong 메서드: 슬롯이 long을 포함한 경우 long을 반환

▶ getString 메서드: 슬롯이 String을 포함한 경우 String을 반환

클래스는 has와 isNull도 정의하고 있다. 이들 메서드는 슬롯의 이름을 받아 필드 이
름에 값이 있는 경우 또는 필드 이름이 없거나 값이 null인 경우 각각 true를 반환한
다.

JSONArray는 맵 대신 배열로 동작한다는 점만 제외하고는 JSONObject와 유사하다.
이것은 컬렉션의 정수 인덱스를 받아 객체, 불 값, 문자열 또는 숫자 등으로 반환하는
동일한 게터getter 메서드를 가진다.

JSONObject 클래스는 JSON에 있는 키의 Iterator<String>를 반환하는 keys 메서
드도 정의하고 있다. 또한 names를 호출해 JSON에 있는 이름의 JSONArray을 얻거나
length를 호출해 JSON에 있는 키-값 쌍의 개수를 구할 수 있다.

`JSONObject`에 대한 자세한 정보는 http://developer.android.com/reference/org/json/JSONObject.html에서 안드로이드 문서를 참조한다. `JSONArray`에 대한 정보는 http://developer.android.com/reference/org/json/JSONArray.html을 참조한다.

안드로이드에서 JSON 생성하기

`JSONObject`는 또한 JSON 맵에 있는 데이터를 초기화하는 세터[setter] 메서드도 지원한다. 이들 메서드로 JSON 객체에 데이터를 할당하고 `toString` 메서드를 호출해 JSON 표현식을 구할 수 있다.

예제 수행

다음은 간단한 예제를 보여준다.

```
import org.JSON.JSONObject;

JSONObject data = new JSONObject();
data.put("call", "kf6gpe-7");
data.put("lat", 37.40150);
data.put("lng", -122.03683);
String json = data.toString();
```

예제 분석

put 메서드는 integer, long integer, object, Boolean, double 등 다양한 값을 받아 지정한 이름의 슬롯에 값을 할당할 수 있다.

`JSONObject` 클래스는 `toString` 메서드를 정의한다. 이 메서드는 인쇄가 가능한 잘 작성된 JSON을 만들 수 있도록 중첩된 구조에 들여쓰기[indent]를 지정하는 추가적인

공백을 받는다. 들여쓰기를 지정하지 않거나 0을 전달하면, 가능한 간결하게 JSON을 인코딩하도록 구현한다.

부연 설명

또한 Object의 서브 클래스를 취하고 이름과 값이 모두 null이 아닌 경우 이름에 값을 집어 넣는 putOpt 메서드도 있다.

설정한 값으로 JSONArray을 전달해 슬롯에 값의 배열을 할당하거나, 다른 JSONObject를 전달해 중첩된 맵을 할당할 수도 있다. JSONArray는 첫 번째 인수로 슬롯 이름 대신 배열의 정수 인덱스를 받는 유사한 put 메서드도 정의한다. 예를 들어, 이전 예제의 data 객체에서, 다음 코드로 스테이션에서 측정된 전압(아마도 라디오의 배터리에서 측정)의 배열을 추가할 수 있다.

```
import org.JSON.JSONObject;

JSONArray voltages = new JSONArray();
voltages.put(3.1);
voltages.put(3.2);
voltages.put(2.8);
voltages.put(2.6);
data.put("voltages", voltages);
```

또한 JSONArray나 JSONObject 인스턴스를 전달하는 대신, java.util.Collection과 java.util.Map을 지정할 수도 있다. 이전 코드는 다음과 같이 작성이 가능하다.

```
import org.JSON.JSONObject;
import org.JSON.JSONArray;
import java.util.Collection;

Collection<double> voltages = new Collection<double>();
voltages.put(3.1);
voltages.put(3.2);
voltages.put(2.8);
voltages.put(2.6);
data.put("voltages", voltages);
```

214

이는 해당 JSON 객체에 있는 모든 자바 컬렉션이나 맵을 래핑^{wrap}할 필요가 없기 때문에, 좀 더 복잡한 JSON 객체를 구성할 때 작업을 쉽게 만들어준다.

참고 사항

JSONObject에 대한 정보는 http://developer.android.com/reference/org/json/JSONObject.html에서 안드로이드 문서를 참조한다. JSONArray에 대한 정보는 http://developer.android.com/reference/org/json/JSONArray.html을 참조한다.

iOS의 오브젝티브-C에서 JSON 파싱하기

오브젝티브-C의 클래스 라이브러리는 JSON을 직렬화할 수 있는 NSJSONSerialization 클래스를 정의한다. 이 클래스는 JSON을 키와 JSON의 슬롯의 이름, 이들 JSON의 값을 가지고 NSDictionary 객체로 변환한다. 이 클래스는 iOS 5.0과 이후 버전에서 사용할 수 있다.

예제 수행

다음은 간단한 예제를 보여준다.

```
NSError* error;
NSDictionary* data = [ NSJSONSerialization
  JSONObjectWithData: json
  options: kNilOptions
  error: &error ];

NSString* call = [ data ObjectForKey: @"call" ];
```

NSJSONSerialization 클래스는 NSString과 파싱 옵션, 오류를 기록할 장소를 받아 JSON 파싱을 수행하는 JSONObjectWithData:options:error 메서드를 가진다. 이 메서드는 최상위가 배열이나 딕셔너리dictionary고, 각각 NSArray나 NSDictionary 결과를 반환하는 JSON을 받는다. 모든 값은 각각 NSString이나 NSNumber, NSArray, NSDictionary, 또는 NSNull의 인스턴스이어야 한다. 최상위 객체가 배열이면, 메서드는 NSArray를 반환하고, 그렇지 않으면 NSDictionary를 반환한다.

부연 설명

기본적으로 이 메서드가 반환하는 데이터는 변경할 수 없다. 변경 가능한 데이터 구조를 원하는 경우, 대신 NSJSONReadingMutableContainers 옵션을 전달할 수 있다. 배열이나 딕셔너리가 아닌 최상위 필드를 파싱하려면 NSJSONReadingAllowFragments 옵션을 전달한다.

참고 사항

이 클래스에 대한 애플의 문서는 https://developer.apple.com/library/ios/documentation/Foundation/Reference/NSJSONSerialization_Class/index.html을 참조한다.

iOS의 오브젝티브-C에서 JSON 생성하기

NSDictionary나 NSArray를 직렬화하는 데도 NSJSONSerializer 클래스를 사용할 수 있다. 단순히 dataWithJSONObject 메서드를 사용하면 된다.

다음은 JSON으로 변환하려는 데이터를 NSDictionary로 가정한 경우, 간단한 예제를 보여준다.

```
NSError *error;
NSData* jsonData = [NSJSONSerialization
dataWithJSONObject: data
options: NSJSONWritingPrettyPrinted
error: &error];
```

dataWithJSONObject:options:error 메서드는 NSArray나 NSDictionary를 받아 전달한 컬렉션의 인코딩된 JSON과 함께 NSData 블랍을 반환한다. kNilOptions를 전달하면, JSON은 컴팩트한 방식으로 인코딩될 것이다. 인쇄가 가능한 잘 구성된 JSON을 위해서는 NSJSONWritingPrettyPrinted 옵션을 대신 전달한다.

NSJSONSerialization 클래스에 대한 애플의 문서는 https:// developer.apple. com/library/ios/documentation/Foundation/Reference/NSJSONSerialization_ Class/index.html에서 확인한다.

스위프트를 사용해 iOS에서 JSON 파싱하기

애플의 iOS 개발용 새로운 언어인 스위프트[Swift]에서도 동일한 NSJSONSerialization 클래스를 사용할 수 있다.

다음은 스위프트에서 `NSJSONSerialization`의 `JSONObjectWithData` 메서드를 호출하는 예제를 보여준다.

```
import Foundation
var error: NSError?
Let json: NSData = /* 파싱할 JSON */
let data = NSJSONSerialization.JSONObjectWithData(json,
  options: nil,
  error: &error);
```

스위프트의 메서드 호출은 C++이나 자바에서 쉼표로 구분된 인수를 전달(선택적으로 이름을 포함)해 함수를 호출하는 것과 유사하다. `JSONObjectWithData`의 인수는 오브젝티브-C 버전의 메서드 인수와 동일하다.

스위프트를 사용해 iOS에서 JSON 생성하기

물론 스위프트에서 문자열로 변환할 수 있는 `NSData` 객체를 반환하는 `NSJSONSerialization.dataWithJSONObject` 메서드를 호출할 수도 있다.

다음은 간단한 예제를 보여준다.

```
var error: NSError?
var data: NSJSONSerialization.dataWithJSONObject(
  dictionary,
  options: NSJSONWritingOptions(0),
  error: &error);
var json: NSString(data: data, encoding: NSUTF8StringEncoding);
```

`dataWithJSONObject` 메서드는 오브젝티브-C처럼 동작한다. JSON으로 인코딩된 딕셔너리가 포함된 `NSData`를 받으면, `NSString` 생성자를 사용해 `NSString`으로 변환한다.

Qt를 사용해 JSON 파싱하기

Qt 구현에서 JSON 파싱은 실제로 안드로이드 버전의 인터페이스와 매우 유사하다. Qt는 각각 JSON 맵과 JSON 배열을 포함할 수 있는 `QJsonObject`와 `QJsonArray` 클래스를 정의한다. 파싱 자체는 JSON을 받아 필요한 파싱을 수행하는 정적 `fromJson` 메서드를 가지는 `QJsonDocument` 클래스에 의해 수행된다.

예제 수행

다음은 간단한 예제를 보여준다.

```
QString json = "{ 'call': 'kf6gpe-7', 'lat': 37.40150, 'lng':
-122.03683, 'result': 'ok'}";
QJsonDocument document = QJsonDocument.fromJson(json);
QJsonObject data = document.object;
QString call = data["call"].toString();
```

예제 분석

파싱은 두 단계로 진행된다. 먼저 코드는 `QJsonDocument`을 사용해 JSON을 파싱하고 그 다음 결과 `QJsonObject`를 사용해 데이터에 접근한다.

`QJsonObject` 클래스는 `QJsonValue` 객체의 맵처럼 동작한다. 각각은 다음 메서드 중 하나를 사용해 기본 타입으로 변환할 수 있다.

▶ `toArray`: 이 메서드는 `QJsonArray`로 변환한다.

▶ `toBool`: 이 메서드는 불로 변환한다.

- ▶ toDouble: 이 메서드는 더블로 변환한다.
- ▶ toInt: 이 메서드는 정수로 변환한다.
- ▶ toObject: 이 메서드는 QJsonObject 맵의 중첩을 허용하면서 다른 QJsonObject 로 변환한다.
- ▶ toString: 이 메서드는 QString으로 변환한다.

부연 설명

Qt의 foreach 매크로나 begin, constBegin, end 같은 반복^{iteration} 메서드를 사용해 QJsonObject의 키를 반복할 수도 있다. 또한 슬롯의 이름을 받아 맵에 찾고자 하는 슬롯이 포함돼 있는 경우 true를 반환하는 contain 메서드도 있다.

참고 사항

JSON 파싱에 대한 Qt의 문서는 http://doc.qt.io/qt-5/json.html을 참조한다.

Qt를 사용해 JSON 생성하기

QJsonDocument 클래스는 또한 참조하고 있는 객체를 JSON으로 변환하는 toJson 메서드를 가지고 있다.

예제 수행

다음은 JSON에서 변환하고 다시 JSON으로 변환하는 예제를 보여준다.

```
QString json = "{ 'call': 'kf6gpe-7', 'lat': 37.40150, 'lng':
  -122.03683, 'result': 'ok'}";
QJsonDocument document = QJsonDocument.fromJson(json);
QJsonObject data = document.object;
QByteArrayprettyPrintedJson =
document.toJson(QJsonDocumented::Indented);
```

예제 분석

QJsonDocument 클래스는 참조하고 있는 문서나 배열을 JSON으로 변환하는 toJson 메서드를 가진다. QJsonDocument::Indented를 전달해 인쇄 가능한 잘 작성된 JSON 버전을 요청하거나, QJsonDcoument::Compact를 전달해 컴팩트한 JSON 버전을 요청할 수 있다.

참고 사항

QJsonDocument에 대한 자세한 정보는 http://doc.qt.io/qt-5/qjsondocument.html 에서 Qt 문서를 참조한다.

찾아보기

에이콘출판의 기틀을 마련하신 故 정완재 선생님 (1935-2004)

자바스크립트 JSON 쿡북

데스크탑, 서버, 웹, 모바일 애플리케이션에서 활용하는 80가지 레시피

인 쇄 | 2017년 2월 15일
발 행 | 2017년 2월 24일

지은이 | 레이 리쉬패터
옮긴이 | 류 영 선

펴낸이 | 권 성 준
편집장 | 황 영 주
편 집 | 나 수 지

에이콘출판주식회사
서울특별시 양천구 국회대로 287 (목동 802-7) 2층 (07967)
전화 02-2653-7600, 팩스 02-2653-0433
www.acornpub.co.kr / editor@acornpub.co.kr

한국어판 ⓒ 에이콘출판주식회사, 2017, Printed in Korea.
ISBN 978-89-6077-969-3
ISBN 978-89-6077-210-6 (세트)
http://www.acornpub.co.kr/book/json-cookbook

이 도서의 국립중앙도서관 출판시도서목록(CIP)은 서지정보유통지원시스템 홈페이지(http://seoji.nl.go.kr)와
국가자료공동목록시스템(http://www.nl.go.kr/kolisnet)에서 이용하실 수 있습니다.(CIP제어번호: CIP2017003375)

책값은 뒤표지에 있습니다.